AF239516

Die GmbH & Co. KG – die optimale Rechtsform für den deutschen Mittelstand?

Eine Analyse aus steuerlicher und betriebswirtschaftlicher Sicht

Röschmann, Sandra: Die GmbH & Co. KG – die optimale Rechtsform für den deutschen Mittelstand? Eine Analyse aus steuerlicher und betriebswirtschaftlicher Sicht, Hamburg, Bachelor + Master Publishing 2016

Originaltitel der Abschlussarbeit: Die GmbH & Co. KG – die optimale Rechtsform für den deutschen Mittelstand? Eine Analyse aus steuerlicher und betriebswirtschaftlicher Sicht

Buch-ISBN: 978-3-95993-033-8
PDF-eBook-ISBN: 978-3-95993-533-3
Druck/Herstellung: Bachelor + Master Publishing, Hamburg, 2016
Zugl. Fachhochschule Kiel, Kiel, Deutschland, Bachelorarbeit, März 2016

Bibliografische Information der Deutschen Nationalbibliothek:
Die Deutsche Nationalbibliothek verzeichnet diese Publikation in der Deutschen Nationalbibliografie; detaillierte bibliografische Daten sind im Internet über http://dnb.d-nb.de abrufbar.

© Bachelor + Master Publishing, Imprint der Diplomica Verlag GmbH
Hermannstal 119k, 22119 Hamburg
http://www.bachelor-master-publishing.de, Hamburg 2016
Printed in Germany

Inhaltsverzeichnis

Abkürzungsverzeichnis... VII

Tabellenverzeichnis...IX

1   Einleitung.. 11

1.1 Problemstellung und Ziel der Arbeit 11

1.2 Gang der Untersuchung 12

2   Definition des Mittelstands.. 14

3   Handelsrechtliche Behandlung der GmbH & Co. KG 16

3.1 Grundlagen 16

3.2 Erscheinungsformen 17

3.3 Entstehung der GmbH & Co. KG.. 18

3.3.1 Gründung der Komplementär-GmbH.............................. 19

3.3.2 Gründung der GmbH & Co. KG 21

3.3.3 Umwandlung in eine GmbH & Co. KG 23

3.4 Rechte und Pflichten der Gesellschafter..................................... 24

3.4.1 Geschäftsführung und Vertretung 24

3.4.2 Verteilung von Gewinn und Verlust................................ 26

3.4.3 Haftung.. 28

3.5 Finanzierung 29

3.6 Rechnungslegung... 30

3.7 Gesellschafterwechsel... 31

3.8 Beendigung der Gesellschaft 33

3.8.1 Auflösung der Komplementär-GmbH............................. 33

3.8.2 Auflösung der GmbH & Co. KG..................................... 33

4   Steuerrechtliche Behandlung der GmbH & Co. KG 35

4.1 Abgrenzung des Betriebsvermögens 35

4.2 Besteuerung der Gesellschaft 37

4.2.1 Die Mitunternehmerschaft.. 37

4.2.1.1 Gewinnermittlung der Mitunternehmerschaft.... 39

4.2.1.2 Gewinnverteilung... 40

4.2.1.3 Begrenzung des Verlustabzugs 41

4.2.2 Umsatzsteuer 42

4.2.3 Gewerbesteuer... 43

4.3 Besteuerung der Gesellschafter 44

    4.3.1 Einkommensteuer 44

        4.3.1.1 Anrechnung der Gewerbesteuer 45

        4.3.1.2 Begünstigung nicht entnommener Gewinne 45

    4.3.2 Umsatzsteuer 46

    4.3.3 Körperschaftsteuer.. 47

    4.3.4 Gewerbesteuer 48

    4.3.5 Kapitalertragsteuer 49

4.4 Übertragung und Überführung von Wirtschaftsgütern 51

4.5 Gesellschafterwechsel... 52

    4.5.1 Eintritt in die Mitunternehmerschaft 52

    4.5.2 Veräußerung des Mitunternehmeranteils gegen Entgelt 53

    4.5.3 Unentgeltliche Übertragung 54

    4.5.4 Vorweggenommene Erbfolge.. 54

4.6 Vergleich der Steuerbelastung mit der GmbH und der OHG 56

5 Zusammenfassung und Fazit.. 63

Literaturverzeichnis... 65

Verzeichnis der Fachzeitschriftenbeiträge... 69

Internetquellenverzeichnis 71

Rechtsprechungsverzeichnis 72

Verzeichnis der Gesetzestexte 74

Verzeichnis der Verwaltungsanweisungen 76

Abkürzungsverzeichnis

Abs.	Absatz
abzgl.	abzüglich
AO	Abgabenordnung
Art.	Artikel
AZR	Aktenzeichen für Revisionsverfahren
BAG	Bundesarbeitsgericht
BFH	Bundesfinanzhof
BGB	Bürgerliches Gesetzbuch
BGBl.	Bundesgesetzblatt
BGH	Bundesgerichtshof
BMF	Bundesministerium der Finanzen
Bst.	Buchstabe
BStBl.	Bundessteuerblatt
BVerfG	Bundesverfassungsgericht
bzw.	beziehungsweise
Co.	Compagnie bedeutet Kompanie und dient als Hinweis auf weitere Gesellschafter
DB	Der Betrieb
DrittelbG	Drittelbeteiligungsgesetz
DStR	Deutsches Steuerrecht
ebda.	ebenda, ebendort
ErbStG	Erbschaftsteuer- und Schenkungsgesetz
EStDV	Einkommensteuer-Durchführungsverordnung
ESt	Einkommensteuer
EStG	Einkommensteuergesetz
EStH	Einkommensteuer-Hinweise
EStR	Einkommensteuer-Richtlinien
et al.	und andere
EU Kommission	Europäische Kommission
EUR	Euro
GbR	Gesellschaft bürgerlichen Rechts
GewSt	Gewerbesteuer
GewStG	Gewerbesteuergesetz
GewStR	Gewerbesteuer-Richtlinien
ggf.	gegebenenfalls
GmbH	Gesellschaft mit beschränkter Haftung
GmbH & Co. KG	Gesellschaft mit beschränkter Haftung und Compagnie Kommanditgesellschaft
GmbHG	Gesetz betreffend die Gesellschaften mit beschränkter Haftung
H	Hinweis
HGB	Handelsgesetzbuch
Hs.	Halbsatz
IfM Bonn	Institut für Mittelstandsforschung Bonn
i. H. v.	in Höhe von
i. S. d.	im Sinne des
i. V. m.	in Verbindung mit
InsO	Insolvenzordnung
KapSt	Kapitalertragsteuer
KG	Kommanditgesellschaft
KG	Kammergericht
KMU	kleine und mittlere Unternehmen
KöSt	Körperschaftsteuer
KStG	Körperschaftsteuergesetz
KStH	Körperschaftsteuer-Hinweise

KStR	Körperschaftsteuer-Richtlinie
mbH	mit beschränkter Haftung
MEUR	Millionen Euro
MitbestG	Mitbestimmungsgesetz
NJW	Neue Juristische Wochenschrift
Nr.	Nummer
OHG	Offene Handelsgesellschaft
R	Richtlinie
RG	Reichsgericht
Rn.	Randnummer
S.	Seite
S.	Satz
SolZ	Solidaritätszuschlag
SolzG	Solidaritätszuschlaggesetz
StSenkG	Steuersenkungsgesetz
u.	und
u. a.	unter anderem
UG	Unternehmergesellschaft
UmwG	Umwandlungsgesetz
UmwStG	Umwandlungssteuergesetz
UntStRefG	Unternehmensteuerreformgesetz
UStAE	Umsatzsteuer-Anwendungserlass
UStG	Umsatzsteuergesetz
Vgl.	Vergleiche
zvE	zu versteuerndes Einkommen
zzgl.	zuzüglich

Tabellenverzeichnis

Tabelle 1: Abgrenzung der Schwellenwerte der Mittelstandsdefinitionen 15

Tabelle 2: Vergleich der Abgeltungsteuer mit dem Teileinkünfteverfahren............................. 50

Tabelle 3: Berechnung der Körperschaftsteuer 57

Tabelle 4: Berechnung der Gewerbesteuer 59

Tabelle 5: Berechnung der Kapitalertragsteuer.. 60

Tabelle 6: Berechnung der Einkommensteuer 61

Tabelle 7: Gesamte Steuerbelastung 62

1 Einleitung

1.1 Problemstellung und Ziel der Arbeit

Der Mittelstand umfasst einen Großteil aller Unternehmen mit Umsätzen aus Lieferungen und Leistungen oder sozialversicherungspflichtig Beschäftigten in Deutschland.[1] Zur Gründung jedes dieser Unternehmen war die Wahl einer geeigneten Rechtsform unumgänglich. Die Rechtsform bestimmt die rechtlichen Rahmenbedingungen des unternehmerischen Handelns und beeinflusst dadurch die gesamte Organisationsstruktur des Unternehmens.[2] Um die konstruktive Entscheidung[3] für eine Rechtsform zu treffen, sind sowohl steuerrechtliche, bilanzielle, betriebliche als auch zivil- und handelsrechtliche Aspekte zu berücksichtigen. Die Auswirkungen der verschiedenen Rechtsformen auf Haftung, Kapitalbeschaffung, Nachfolge, Mitbestimmung, Steuerbelastung und auch der Gründungsaufwand sind bei der Auswahl entscheidend.

Grundsätzlich sollte zunächst eine Unterscheidung zwischen den Rechtsformen der Einzelunternehmen, der Personengesellschaften und der Kapitalgesellschaften vorgenommen werden. Zu den Vorteilen der Personengesellschaften gehört vor allem ihre Flexibilität.[4] Einer der bedeutendsten Gründe sich gegen eine Personengesellschaft und für eine Kapitalgesellschaft zu entscheiden ist die beschränkte Haftung der Gesellschafter.[5] Die Gesellschaft mit beschränkter Haftung & Compagnie Kommanditgesellschaft (GmbH & Co. KG) gehört zu den Personengesellschaften. Aufgrund ihrer Gesellschaftsstruktur weist sie aber dennoch Eigenschaften einer Kapitalgesellschaft auf.[6] Bei der GmbH & Co. KG handelt es sich um eine Kommanditgesellschaft (KG), die als persönlich haftenden Gesellschafter, den so genannten Komplementär, eine Gesellschaft mit beschränkter Haftung (GmbH) einsetzt.[7] Sie verbindet im Rahmen einer sogenannten Grundtypenvermischung diese beiden Grundformen des Gesellschafts- und Steuerrechts.[8] Dabei verhindert die GmbH & Co. KG die persönliche Haftung der beteiligten natürlichen Personen[9] und nutzt die im Folgenden erläuterten steuerrechtlichen und wirtschaftlichen Vorzüge einer Personengesellschaft. Somit weicht sie vom Grundfall der Personengesellschaft ab, nach dem immer eine natürliche Person auch mit ihrem Privatvermögen haftet.[10] Daher schätzt vor allem der Mittelstand die Vorteile der Rechtsform GmbH & Co. KG.[11]

---

[1] Vgl. Institut für Mittelstandsforschung (2015).

[2] Vgl. Piekenbrock/Hasenbalg (2014), S. 466.

[3] Vgl. Eckardt (2011), S. 52.

[4] Vgl. Baumbach et al. (2014), § 177a Rn. 3.

[5] Vgl. Piekenbrock/Hasenbalg (2014), S. 299, S. 301.

[6] Vgl. Söffing et al. (2013), S. 1-2 Rn. 1-2.

[7] Vgl. Piekenbrock/Hasenbalg (2014), S. 242.

[8] Vgl. Reichert et al. (2015), § 1 Rn. 4.

[9] Vgl. Söffing et al. (2013), S. 1 Rn. 1.

[10] Vgl. Schmidt et al. (2011), § 128 Rn. 1.

[11] Vgl. Reichert et al. (2015), § 2 Rn. 3.

Die vorliegende Arbeit widmet sich der kritischen Analyse dieser Rechtsform. Dabei wird das Ziel verfolgt, die Rechtsform GmbH & Co. KG im Hinblick auf ihre Eignung für den deutschen Mittelstand zu bewerten. Um dem Leser einen allgemeinen Überblick über die GmbH & Co. KG zu geben, wird ausführlich auf die handelsrechtlichen Grundlagen eingegangen. Durch die genaue Betrachtung der steuerrechtlichen Grundlagen soll ein Überblick über Gestaltungsmöglichkeiten und Steuerbelastungen einer GmbH & Co. KG geschaffen werden. Außerdem werden Abweichungen dieser Rechtsform zu anderen Personengesellschaften, insbesondere im Vergleich zu einer Offenen Handelsgesellschaft (OHG), aufgezeigt. Durch die Betrachtung der Komplementär-GmbH werden die Unterschiede zwischen GmbH und GmbH & Co. KG deutlich gemacht.

1.2 Gang der Untersuchung

Die vorliegende Arbeit besteht aus fünf Kapiteln. Zu Beginn wird im zweiten Kapitel eine Differenzierung des Mittelstands von anderen Unternehmen vorgenommen. Im folgenden Kapitel wird die handelsrechtliche Behandlung der GmbH & Co. KG sowie der Komplementär-GmbH thematisiert. Dabei wird zunächst auf die Herkunft der GmbH & Co. KG sowie ihre Rechtsgrundlagen eingegangen. Anschließend werden die verschiedenen Erscheinungsformen der GmbH & Co. KG vorgestellt. Weiterhin wird Bezug auf die Gründung der Gesellschaften mit ihren Voraussetzungen und Abläufen genommen. Auch eine mögliche Umwandlung zur Rechtsform der GmbH & Co. KG wird thematisiert. Danach werden die Rechte und Pflichten der Gesellschafter im Hinblick auf die Geschäftsführung und Vertretung, die Verteilung von Gewinn und Verlust sowie die Haftung betrachtet. Des Weiteren werden die Finanzierungsmöglichkeiten der Gesellschaft und die Rechnungslegung dargelegt. Mögliche Formen des Gesellschafterwechsels werden daraufhin betrachtet. Zuletzt wird die Beendigung der GmbH sowie der GmbH & Co. KG erklärt.

Innerhalb des vierten Kapitels wird die steuerliche Behandlung der Gesellschaft und ihrer Gesellschafter betrachtet. Als Erstes wird dabei das Betriebsvermögen der Gesellschaft vom Sonderbetriebsvermögen und vom Privatvermögen der Gesellschafter abgegrenzt. Anschließend folgt eine Erklärung der Besteuerung der Gesellschaft. Diese untergliedert sich in die steuerliche Gewinnermittlung mit ihren rechtsformspezifischen Besonderheiten, die Betrachtung der Umsatzsteuer sowie die Berücksichtigung der Gewerbesteuer. Im Rahmen der Gewinnermittlung wird Bezug auf die gesonderte und einheitliche Gewinnfeststellung, die Gewinnverteilung und die Begrenzung des Verlustvortrages genommen. Daraufhin wird die Besteuerung der Gesellschafter dargelegt. Die Besteuerung der Gesellschafter wird im Hinblick auf die Einkommensteuer, die Umsatzsteuer, die Körperschaftsteuer, die Gewerbesteuer und die Kapitalertragsteuer betrachtet. Im Bereich der Einkommensteuer wird zusätzlich zur Ermittlung auf die Besonderheiten der Anrechnung der Gewerbesteuer sowie der Begünstigung nicht entnommener Gewinne eingegangen. Nachfolgend wird die Übertragung und Überführung von Wirtschaftsgütern zwischen Gesellschaft und Gesellschaftern dargelegt. Die steuerlichen Auswirkungen eines Gesellschafterwechsels werden daraufhin erörtert. Zu den Gesellschafterwechseln gehören im Rahmen der vorliegenden Arbeit der Eintritt in eine Mitunternehmerschaft, die Veräußerung des Anteils, die unentgeltliche Übertragung und die vorweggenommene Erbfolge. Das vierte Kapital schließt mit einem Vergleich der Steuerbelastungen von einer OHG, einer GmbH und einer GmbH & Co. KG ab. Bei ausgewählten Aspekten der handels- und steuerrechtlichen Behandlung wird eine Differenzierung der GmbH & Co. KG von der idealtypischen Kapitalgesellschaft GmbH sowie von der idealtypischen Personengesellschaft der OHG vorgenommen. Abschließend werden im fünften und letzten Kapitel die Erkenntnisse der vorliegenden Arbeit zusammenfassend dargestellt und ein Fazit bezugnehmend auf die Eignung der GmbH & Co. KG als optimale Gesellschaft für den deutschen Mittelstand gezogen.

2 Definition des Mittelstands

Eine allgemeingültige Beschreibung für den deutschen Mittelstand gibt es nicht.[12] Daher werden im Folgenden die Definitionen des Instituts für Mittelstandsforschung Bonn, des Handelsgesetzbuches sowie der Europäischen Kommission vorgestellt.

Das Institut für Mittelstandsforschung Bonn (IfM Bonn) beschreibt mittelständische Unternehmen als kleine sowie mittelgroße Unternehmen und grenzt diese mit Hilfe von qualitativen und quantitativen Kriterien ab.[13] Nach dieser Differenzierung handelt es sich bei unter 500 Beschäftigten und einem Umsatz von bis zu MEUR 50 im Jahr um mittelständische Unternehmen.[14] Außerdem zählt das IfM Bonn auch Unternehmen zum Mittelstand, die nur eine der quantitativen Kriterien erfüllen, wenn dafür die qualitativen Merkmale vorhanden sind und eine Unabhängigkeit von anderen Unternehmen besteht.[15] Zu den qualitativen Kriterien gehören die Eigentümerbegrenzung auf höchstens zwei natürliche Personen oder Familienangehörige sowie die Voraussetzung der Unternehmensführung durch die Eigentümer.[16]

Das Handelsgesetzbuch (HGB) sieht eine Unterteilung der Größenklassen bei Kapitalgesellschaften sowie gemäß § 264a Abs. 1 HGB bei Personengesellschaften ohne persönlich haftende natürliche Personen und ausschließlich nach quantitativen Werten vor. Dabei handelt es sich aufgrund des § 267 HGB um kleine oder mittelgroße Kapitalgesellschaften, wenn zwei der drei folgenden Größenmerkmale eingehalten werden. Bei kleinen Kapitalgesellschaften können laut § 267 Abs. 1 HGB entweder maximal MEUR 6 Bilanzsumme oder höchstens MEUR 12 Umsatzerlöse oder durchschnittlich bis zu 50 Arbeitnehmer überschritten werden. Mittelgroße Kapitalgesellschaften unterliegen aufgrund des § 267 Abs. 2 HGB den Grenzwerten von höchsten MEUR 20 Bilanzsumme oder bis zu MEUR 40 Umsatzerlöse oder durchschnittlich 250 Arbeitnehmer.

Die Europäische Kommission (EU Kommission) sieht in ihrer Empfehlung zur Definition der Kleinstunternehmen sowie der kleinen und mittleren Unternehmen eine Abgrenzung vor allem nach quantitativen Maßstäben vor. Bei weniger als 250 Mitarbeitern und entweder einem Umsatz von bis zu MEUR 50 oder einer Bilanzsumme von maximal MEUR 43 handelt es sich gemäß der Kommission um ein mittelständisches Unternehmen.[17]

Zur Veranschaulichung der unterschiedlichen Schwellenwerte ist nachfolgend eine Übersicht abgebildet.

---

[12] Vgl. Gabler (2016).

[13] Vgl. Institut für Mittelstandsforschung (2016a); Institut für Mittelstandsforschung (2016b).

[14] Vgl. Institut für Mittelstandsforschung (2016a).

[15] Vgl. Institut für Mittelstandsforschung (2016b).

[16] Vgl. ebda.

[17] Vgl. EU Kommission (2003), Art. 7.

	Anzahl Mitarbeiter höchstens		Umsatz in MEUR höchstens		Bilanzsumme in MEUR höchstens
IfM Bonn	499	und	50		-
HGB	250	und / oder	40	und / oder	20
EU Kommission	249	und	50	oder	43

Tabelle 1: Abgrenzung der Schwellenwerte der Mittelstandsdefinitionen[18]

---

[18] Eigene Darstellung: Vgl. Institut für Mittelstandsforschung (2016a); § 267 HGB; EU Kommission (2003), Art. 7.

3 Handelsrechtliche Behandlung der GmbH & Co. KG

3.1 Grundlagen

Die Rechtsform der Kommanditgesellschaft (KG) gehört zu den Personengesellschaften[19] und zeichnet sich dadurch aus, dass gemäß § 161 HGB wenigstens ein Gesellschafter als Komplementär persönlich und mindestens ein weiterer Gesellschafter nur mit seiner Einlage haftet. In der Praxis wurde als Komplementär der KG eine Gesellschaft mit beschränkter Haftung (GmbH) eingesetzt, um der damaligen Doppelbesteuerung der Gewinne einer GmbH zu entgehen und zugleich die persönliche Haftung auszuschließen.[20] Diese Abwandlung der KG wurde im Jahr 1922 vom Reichsgericht zivilrechtlich anerkannt.[21] Im Jahr 1958 bestätigte der Bundesfinanzhof auch die steuerrechtliche Zulässigkeit.[22] Mittlerweile wurden spezielle Regelungen, die GmbH & Co. KG betreffend, im Gesetz berücksichtigt, wie beispielsweise in § 172 Abs. 6 HGB.

Im Grunde handelt es sich also bei der GmbH & Co. KG um eine Personengesellschaft, an der als persönlich haftender Gesellschafter eine Kapitalgesellschaft in Form der GmbH beteiligt ist.[23] Die Kombination dieser unterschiedlichen Gesellschaftsformen wird als Grundtypenvermischung bezeichnet.[24] Trotz dieser Verbindung unterliegen die GmbH & Co. KG und die GmbH weiterhin unterschiedlichen Bestimmungen und Gesetzen.[25] Als Sonderform der KG unterliegt die GmbH & Co. KG den Gesetzen des Personengesellschaftsrechts, insbesondere der Vorschriften der §§ 161 ff. HGB für die KG.[26] Durch § 161 Abs. 2 HGB unterliegt sie mangels abweichender Vorschriften der §§ 161-177a HGB den Regelungen der §§ 105 ff. HGB für die OHG. Des Weiteren sind für die GmbH & Co. KG die Vorschriften der §§ 705-740 BGB über den § 105 Abs. 3 HGB zu beachten, soweit das Handelsgesetzbuch (HGB) keine Regelungen vorsieht.[27] Für die GmbH & Co. KG gelten, aufgrund der Merkmale einer Kapitalgesellschaft, zusätzliche Spezialnormen, die vorrangig zu beachten sind.[28] Dazu gehören beispielsweise die Vorgaben zur Firmierung des § 19 Abs. 2 HGB sowie zur Erstellung und Offenlegung des Jahresabschlusses nach §§ 264, 325 HGB.

---

[19] Vgl. Preißer/von Rönn (2010), S. 3.

[20] Vgl. Reichert et al. (2015), § 1 Rn. 11-12.

[21] Vgl. RG (1922), 101.

[22] Vgl. BFH (1958), 462.

[23] Vgl. Froning et al. (2005), § 42 Rn. 1-2.

[24] Vgl. Preißer/von Rönn (2010), S. 381.

[25] Vgl. Söffing et al. (2013), S. 2 Rn. 2.

[26] Vgl. Wagner/Rux (2013), S. 37 Rn. 7.

[27] Vgl. ebda.

[28] Vgl. Söffing et al. (2013), S. 2 Rn 3-4.

3.2 Erscheinungsformen

Die Erscheinungsformen der GmbH & Co. KG werden unterteilt anhand der beteiligten Personen von der Einmann-GmbH & Co. KG, an der namensgemäß nur eine natürliche Person beteiligt ist, bis hin zur Publikumsgesellschaft mit einer Vielzahl von Beteiligten.[29] Auch kann nach der Rechtsform[30] der Beteiligten unterschieden werden. Die Gesellschafter können sowohl natürliche als auch juristische Personen sowie Personengesellschaften sein. Außerdem hat die Struktur der Beteiligung Auswirkungen auf die Erscheinungsform. Die Beteiligungen an der GmbH und der GmbH & Co. KG können beteiligungs- bzw. personenidentisch oder nicht identisch sein.[31] Darüber hinaus ist es bei einer Einheitsgesellschaft möglich, dass alle Anteile an der GmbH der GmbH & Co. KG gehören.[32] Wenn als Komplementär eine andere GmbH & Co. KG eingesetzt wird, entsteht eine doppelstöckige GmbH & Co. KG.[33] Die steuerrechtlichen Gründe, die eine solche Gestaltungsform notwendig gemacht haben, sind mittlerweile weggefallen, somit ist die doppelstöckige GmbH & Co. KG kaum noch relevant.[34]

Eine Einmann-GmbH & Co. KG zeichnet sich dadurch aus, dass der einzige Gesellschafter der GmbH auch alleiniger Kommanditist der KG ist.[35] Da die GmbH als Komplementär fungiert, sind somit die beiden von § 161 Abs. 1 HGB geforderten Gesellschafter zur Gründung einer GmbH & Co. KG vorhanden. Somit umgeht die GmbH & Co. KG den Grundsatz der Personengesellschaften, nach dem immer mindestens zwei Beteiligte erforderlich sind.[36]

Bei der identischen oder auch typischen GmbH & Co. KG sind die Kommanditisten auch Gesellschafter der Komplementär-GmbH.[37] Liegt eine personen- und beteiligungsidentische GmbH & Co. KG vor, so sind die Kommanditisten in gleichem Verhältnis als Gesellschafter an der GmbH und an der GmbH & Co. KG beteiligt.[38] Eine Abstimmung der Gesellschaftsverträge ist bei dieser Erscheinungsform notwendig sowie auch eine vertragliche Regelung zur Sicherung der Beteiligungsverhältnisse bei Änderungen in den Gesellschafterverhältnissen.[39]

Soll eine Trennung von Geschäftsführung und kapitalmäßiger Beteiligung erfolgen, so empfiehlt sich eine nicht beteiligungs- und personenidentische GmbH & Co. KG.[40] Durch die unterschiedlichen Beteiligten an der GmbH und an der GmbH & Co. KG kann der Einfluss auf die Geschäftsführung bei einzelnen Gesellschaftern minimiert werden und trotzdem eine

---

[29] Vgl. Söffing et al. (2013), S. 6 Rn. 36; Reichert et al. (2015), § 3 Rn. 7.

[30] Vgl. im Folgenden Söffing et al. (2013), S. 6 Rn. 36.

[31] Vgl. Söffing et al. (2013), S. 6-7 Rn. 37-39.

[32] Vgl. Schmidt/Grunewald/Mülbert (2012), § 161 Rn. 95.

[33] Vgl. Schmidt/Grunewald/Mülbert (2012), § 161 Rn. 100.

[34] Vgl. Fehrenbacher/Tavakoli (2014), S. 29 Rn. 30.

[35] Vgl. Schmidt/Grunewald/Mülbert (2012), § 161 Rn. 92.

[36] Vgl. Piekenbrock/Hasenbalg (2014), S. 430.

[37] Vgl. Preißer/von Rönn (2010), S. 386; Fehrenbacher/Tavakoli (2014), S. 25 Rn. 16.

[38] Vgl. Reichert et al. (2015), § 3 Rn. 3.

[39] Vgl. Söffing et al. (2013), S. 6-7 Rn. 37-38.

[40] Vgl. Reichert et al. (2015), § 3 Rn. 5.

Beteiligung am Vermögen erfolgen.[41] Trotz der unterschiedlichen Beteiligungsverhältnisse an den Gesellschaften, können auch ausschließlich dieselben Personen an beiden Gesellschaften beteiligt sein.[42] Somit ist die Gesellschaft zwar nicht beteiligungs- aber personenidentisch.[43]

Als alleiniger Gesellschafter der Komplementär-GmbH kann auch die GmbH & Co. KG selbst dienen.[44] Durch die wechselseitige Beteiligung dieser Einheitsgesellschaft gehören die Anteile an der GmbH zum Gesamthandsvermögen der Einheits-GmbH & Co. KG.[45] Die Abstimmung der beiden Gesellschaftsverträge entfällt dabei, da die beiden Gesellschaften miteinander verbunden sind.[46] Bei einer wirtschaftlichen, finanziellen und organisatorischen Verflechtung kann in diesem Fall eine Organschaft vorliegen.[47] Problematisch an dieser Form ist vor allem die Übertragung der Gesellschafterrechte bei der GmbH an die Kommanditisten.[48]

Die Publikums-GmbH & Co. KG dient als Kapitalanlage für zahlreiche Kommanditisten.[49] Da die Gesellschafter kaum Einfluss auf die operative Tätigkeit der GmbH & Co. KG haben,[50] ist diese Form für den deutschen Mittelstand ungeeignet.[51]

Abschließend soll noch darauf hingewiesen werden, dass auch eine Unternehmergesellschaft (UG) als einziger Komplementär dienen kann.[52] Hinsichtlich der daraus entstehenden Unternehmergesellschaft (haftungsbeschränkt) & Co. KG sollte vor allem auf eine angemessene Vermögensbeteiligung oder Vergütung der UG geachtet werden, um eine verdeckte Gewinnausschüttung an die UG zu vermeiden.[53]

3.3 Entstehung der GmbH & Co. KG

Eine GmbH & Co. KG kann durch eine Umwandlung insbesondere auch nach dem Umwandlungsgesetz (UmwG) oder durch eine Neugründung nach den Vorschriften des HGB entstehen.[54] In beiden Fällen bedarf es einer unbeschränkt haftenden GmbH als Komplementär.[55] Daher wird zunächst die Gründung der Komplementär-GmbH betrachtet.

---

[41] Vgl. Reichert et al. (2015), § 3 Rn. 5-6.

[42] Vgl. Fehrenbacher/Tavakoli (2014), S. 25 Rn. 18.

[43] Vgl. ebda.

[44] Vgl. Wagner/Rux (2013), S. 47 Rn. 21.

[45] Vgl. Gummert et al. (2014), § 56 Rn 50.

[46] Vgl. Werner (2006), S. 706.

[47] Vgl. UStAE, Abschnitt 2.8 Abs. 2 S. 5; Müller (2016), DB 1191823.

[48] Vgl. Werner (2006), S. 707-708.

[49] Vgl. Reichert et al. (2015), § 3 Rn. 29, 34.

[50] Vgl. Fehrenbacher/Tavakoli (2014), S. 31 Rn. 35.

[51] Vgl. Kapitel 2.

[52] Vgl. Söffing et al. (2013), S. 14 Rn. 66.

[53] Vgl. Schmidt-Leithoff et al. (2013), § 5a Rn. 66.

[54] Vgl. Reichert et al. (2015), § 10 Rn. 1.

[55] Vgl. Reichert et al. (2015), § 10 Rn. 8.

3.3.1 Gründung der Komplementär-GmbH

Die GmbH folgt den Regelungen des Gesetzes betreffend die Gesellschaften mit beschränkter Haftung (GmbHG). Sie gilt nach § 13 Abs. 3 GmbHG als Handelsgesellschaft und unterliegt aus diesem Grund den für Kaufleute geltenden Bestimmungen des HGB. Gemäß § 6 Abs. 2 HGB ist die GmbH aufgrund ihrer eigenen Rechtspersönlichkeit ein so genannter Formkaufmann oder auch Kaufmann kraft Rechtsform.[56] Als juristische Person hat die GmbH eine eigene Rechtspersönlichkeit[57] und kann laut § 13 GmbHG unter ihrer Firma klagen und verklagt werden. Eine GmbH kann zu jedem Zweck gegründet werden,[58] insbesondere auch um als Komplementär einer KG zu fungieren. Zur Gründung der GmbH bedarf es mindestens einer Person.[59] Da der einzige Gesellschafter dann einen Gesellschaftsvertrag mit sich selbst schließen müsste, ist das Verbot des Selbstkontrahierens begründet auf § 181 BGB zu beachten.[60] Eine Befreiung von dieser Vorschrift muss im Gesellschaftsvertrag erfolgen und mit deklaratorischer Wirkung in das Handelsregister eingetragen werden.[61]

Außerdem muss aufgrund des § 2 GmbHG zur Gründung der GmbH ein notariell beurkundeter Gesellschaftsvertrag abgeschlossen werden. Dieser hat gemäß § 3 Abs. 1 GmbHG mindestens die Firma, den Sitz der Gesellschaft, den Unternehmensgegenstand, das Stammkapital und die Höhe der jeweils auf das Stammkapital zu erbringenden Einlage zu enthalten. Des Weiteren schreibt der § 40 GmbHG eine Liste der Gesellschafter mit deren Namen, Vornamen und Wohnorten vor. Durch den Abschluss des Gesellschaftsvertrags kommt eine so genannte Vorgesellschaft zu Stande.[62]

Grundsätzlich kann die Firma der GmbH frei gewählt werden.[63] Dies bedeutet, es kann sowohl eine Personenfirma, eine Sachfirma, eine Mischfirma als auch eine Phantasiefirma gewählt werden.[64] Die Firma muss aber nach § 4 GmbHG einen Zusatz enthalten, der auf die beschränkte Haftung hinweist und allgemein verständlich ist. Der Zusatz kann sowohl ganz als auch teilweise vorangestellt, teilweise oder ganz angefügt oder mit der Firma verbunden werden.[65] Die Abkürzung mbH reicht dennoch nicht aus.[66] Weiterhin sind die Grundsätze der Firmenklarheit, der Firmenwahrheit, der Firmenkontinuität und der Firmenidentität zu beachten.[67] Nach §

---

[56] Vgl. Piekenbrock/Hasenbalg (2014), S. 206.

[57] Vgl. Piekenbrock/Hasenbalg (2014), S. 294.

[58] Vgl. Baumbach et al. (2013), § 1 Rn. 4.

[59] Vgl. Schmidt-Leithoff et al. (2013), § 2 Rn. 3.

[60] Vgl. Ossola-Haring (2015), S. 15.

[61] Vgl. ebda.

[62] Vgl. Birle/Diehl (2007), S. 63 Rn. 62.

[63] Vgl. Schmidt-Leithoff et al. (2013), § 4 Rn. 7.

[64] Vgl. Birle/Diehl (2007), S. 77 Rn. 129.

[65] Vgl. Schmidt-Leithoff et al. (2013), § 4 Rn. 55.

[66] Vgl. Schmidt-Leithoff et al. (2013), § 4 Rn. 4.

[67] Vgl. Birle/Diehl (2007), S. 80-81 Rn. 139-144.

18 Abs. 1 HGB muss die Firma von anderen Firmen eindeutig zu unterscheiden und zu identifizieren sein. Basierend auf § 18 Abs. 2 HGB darf sie nicht irreführen.

Im Gesellschaftsvertrag ist die Angabe als Geschäftsführer oder Komplementär der jeweiligen GmbH & Co. KG ausreichend zur Kennzeichnung des Unternehmensgegenstands.[68] Die GmbH kann zusätzlich sowohl eine eigene Geschäftstätigkeit betreiben,[69] als auch die Komplementärstellung für mehrere Gesellschaften übernehmen.[70] Die Gesellschaft muss bezugnehmend auf § 6 Abs. 1 GmbHG einen oder mehrere Geschäftsführer bestellen. Da die GmbH dem Grundsatz der Fremdorganschaft[71] folgt, braucht der Geschäftsführer durch § 6 Abs. 3 GmbHG kein Gesellschafter der GmbH zu sein.

Der Gründungsaufwand kann für die GmbH Betriebsausgaben darstellen, wenn der Gesellschaftsvertrag derartiges vorsieht und die GmbH die Kosten tatsächlich trägt.[72] Falls die GmbH & Co. KG die Gründungsaufwendungen aber erstattet, ist dies ggf. als Vorabgewinn zu qualifizieren.[73]

Der § 2 Abs. 1a GmbHG erlaubt die vereinfachte Gründung einer GmbH oder UG mit bis zu drei Gesellschaftern auf Basis eines Musterprotokolls. Die Vorteile der preiswerteren Gründung durch das Musterprotokoll[74] basieren auf dem Nachteil des § 2 Abs. 1a S. 2 u. 3 GmbHG, dass von den im Musterprotokoll vorgegeben Sachverhalten keine Abweichungen getroffen werden dürfen. Das Musterprotokoll bedarf gleichwohl einer notariellen Beurkundung und dient als Gesellschaftsvertrag, Bestellung des Geschäftsführers und Aufstellung der Gesellschafter in einem Dokument.[75]

Die GmbH ist laut § 7 Abs. 1 GmbHG beim zuständigen Registergericht einzutragen. Dazu ist es notwendig, dass die Hälfte des Stammkapitals in Höhe von insgesamt EUR 25.000 eingezahlt ist und jeder Gesellschafter ein Viertel seines Nennbetrags geleistet hat.[76] Der Nennbetrag bestimmt als Rechnungsziffer die Höhe der auf den Geschäftsanteil zu leistenden Einlage. Die Nennbeträge der Geschäftsanteile müssen gemäß § 5 Abs. 3 GmbHG in ihrer Summe mit der Höhe des Stammkapitals übereinstimmen.[77] Das Stammkapital muss außerdem zur freien Verfügung der Gesellschaft stehen.[78] Ein Zurückzahlen des Kapitals an die Gesellschafter auch in Form eines Darlehens führt dazu, dass die Einlage als nicht geleistet gilt.[79] Die Eintragung der GmbH in das Handelsregister hat eine konstitutive Wirkung, da die GmbH als solche vorher

---

[68] Vgl. Birle/Diehl (2007), S. 89-90 Rn. 187.
[69] Vgl. Reichert et al. (2015), § 15 Rn. 8.
[70] Vgl. Baumbach et al. (2014), Anhang nach § 177a Rn. 7.
[71] Vgl. Roth/Altmeppen (2015), § 6 Rn. 2.
[72] Vgl. BFH (1968b), 1737.
[73] Vgl. Fehrenbacher/Tavakoli (2014), S. 65 Rn. 66.
[74] Vgl. Roth/Altmeppen (2015), § 2 Rn. 51.
[75] Vgl. Ossola-Haring (2015), S. 5.
[76] Vgl. §§ 5, 7 GmbHG.
[77] Vgl. Schmidt-Leithoff et al. (2013), § 3 Rn. 17.
[78] Vgl. BGH (2005), 113-125.
[79] Vgl. BGH (2005), 113-125.

nicht besteht.[80] Das Handelsregister genießt dem § 15 Abs. 1-3 HGB zufolge öffentlichen Glauben. Somit können sich gutgläubige Dritte auf die Angaben im Handelsregister entsprechend § 15 Abs. 3 HGB berufen, selbst wenn diese falsch sind.

Abschließend ist noch darauf hinzuweisen, dass es die Möglichkeit gibt eine GmbH auch mit einem Mindestkapital von nur einem Euro pro Gesellschafter zu gründen.[81] Diese Sonderform der GmbH muss als Zusatz zur Firma aufgrund des § 5a Abs. 1 GmbHG abweichend die Bezeichnung UG (haftungsbeschränkt) oder Unternehmergesellschaft (haftungsbeschränkt) tragen.[82] Außerdem muss sie nach Maßgabe des § 5a Abs. 2 GmbHG so lange ein Viertel ihres Jahresüberschusses in eine Gewinnrücklage einstellen, bis ihr Stammkapital 25.000 Euro beträgt. Auch die UG kann mit entsprechender Berücksichtigung im Gesellschaftsvertrag die Gründungskosten bis zur Höhe ihres Stammkapitals selber tragen.[83]

3.3.2 Gründung der GmbH & Co. KG

Zur Gründung einer GmbH & Co. KG bedarf es gemäß § 161 HGB mindestens zwei Gesellschafter, wobei die GmbH als Komplementär mit persönlicher Haftung und ein weiterer Gesellschafter als auf seine Einlage beschränkt haftender Kommanditist in die Gesellschaft eintritt.[84] Auch die Vorgesellschaft der GmbH kann bereits als Komplementär fungieren, jedoch haftet der Geschäftsführer der GmbH bis zur Eintragung persönlich.[85] Die Rechtsform der GmbH & Co. KG ist außer für Rechtsanwälte auch für freiberuflich Tätige zulässig, soweit eine treuhänderische Tätigkeit überwiegt.[86]

Die GmbH & Co. KG entsteht im Innenverhältnis durch einen in der Form freien[87] Abschluss des Gesellschaftsvertrages.[88] Zur Dokumentation sollte der Vertrag zumindest die Schriftform erfüllen.[89] In dem Gesellschaftsvertrag muss der gemeinsame Zweck der Gesellschaft unter der gemeinschaftlichen Firma benannt sein.[90] Des Weiteren sind Angaben über die GmbH als persönlich haftenden Gesellschafter und die Kommanditisten mit ihren Einlagen zu machen.[91] Zusätzlich sollte eine Abstimmung des Gesellschaftsvertrags der GmbH & Co. KG mit dem Vertrag der GmbH durchgeführt werden.[92] Gegebenenfalls sollte der Vertrag auch bei einem Kommanditistenwechsel für ein weiterhin identisches Beteiligungsverhältnis an beiden

---

[80] Vgl. § 11 GmbHG.

[81] Vgl. Roth/Altmeppen (2015), § 5a Rn. 7.

[82] Vgl. KG (2009), 2114.

[83] Vgl. KG (2015), 2677.

[84] Vgl. Piekenbrock/Hasenbalg (2014), S. 242.

[85] Vgl. BGH (1981b), 1032.

[86] Vgl. Juretzek (2015), DStR 2015, 431.

[87] Vgl. Reichert et al. (2015), § 10 Rn. 19.

[88] Vgl. Söffing et al. (2013), S. 23 Rn. 121.

[89] Vgl. Reichert et al. (2015), § 10 Rn. 19.

[90] Vgl. Söffing et al. (2013), S. 25 Rn. 129.

[91] Vgl. Fehrenbacher/Tavakoli (2014), S. 41 Rn. 3.

[92] Vgl. Mueller-Thuns et al. (2009), S. 232 Rn. 161.

Gesellschaften Sorge tragen.[93] Eine solche Vereinbarung führt aber im Sinne des § 15 Abs. 4 GmbH dazu, dass der Gesellschaftsvertrag dem Formerfordernis der notariellen Beglaubigung unterliegt.[94] Auch eine Gründung der GmbH & Co. KG, die im Zusammenhang mit der Gründung der Komplementär-GmbH steht, unterliegt als einheitlicher Vorgang der notariellen Beurkundung aufgrund von § 2 Abs. 1 GmbHG.[95] Somit muss auch der Gesellschaftsvertrag der GmbH & Co. KG beglaubigt werden.

Wie bei der GmbH kann auch bei der GmbH & Co. KG zwischen einer Personenfirma, einer Sachfirma, einer Mischfirma oder einer Phantasiefirma gewählt werden.[96] Bei der GmbH & Co. KG sind außerdem ebenfalls die Firmengrundsätze des HGB zu beachten.[97] Weiterhin muss gemäß § 19 Abs. 1 S. 3 und Abs. 2 HGB zwingend ein Firmenzusatz, wie üblicherweise GmbH & Co. KG, enthalten sein, der auf die Haftungsbeschränkung hinweist.

Die Entstehung im Außenverhältnis wird durch Aufnahme ihrer Tätigkeit oder durch Eintragung in das Handelsregister erreicht.[98] Dabei müssen nach § 162 Abs. 1 HGB i. V. m. § 106 Abs. 2 HGB die Firma, der Unternehmenssitz, eine inländische Geschäftsanschrift sowie die Vertretungsmacht der Gesellschafter benannt sein. Des Weiteren sind die Namen, Vornamen, Geburtsdaten und Wohnorte der Gesellschafter und insbesondere die Kommanditisten und die Höhe der jeweiligen Einlage bei der Handelsregistereintragung anzugeben.

Der Handelsregistereintrag der GmbH & Co. KG hat im Gegensatz zu der GmbH meistens eine deklaratorische,[99] also eine rechtsbestätigende Wirkung. Konstitutive Wirkung hat die Eintragung ausschließlich, wenn ein in kaufmännischer Weise eingerichteter Geschäftsbetrieb nicht erforderlich ist.[100] Bei Aufnahme der Geschäftstätigkeit vor Eintragung der Kommanditeinlage in das Handelsregister haften die Kommanditisten unbeschränkt und gesamtschuldnerisch als Gesellschaft bürgerlichen Rechts, es sei denn den Gläubigern ist die Kommanditbeteiligung bekannt.[101]

Die Verpflichtung zur Leistung einer Haftungseinlage ergibt sich für die Kommanditisten aus §§ 171 Abs. 1, 172 HGB, während die Komplementär-GmbH zumeist keine Einlage tätigt.[102] Des Weiteren können im Gesellschaftsvertrag abweichende Pflichteinlagen vereinbart werden.[103] Einlagen können sowohl in Geld- als auch in Sachleistungen erfolgen,[104] sowie über

---

[93] Vgl. Reichert et al. (2015), § 3 Rn. 4.
[94] Vgl. Reichert et al. (2015), § 10 Rn. 19.
[95] Vgl. Wiesner (1984), S. 95-99.
[96] Vgl. Wagner/Rux (2013), S. 70-71, Rn. 93.
[97] Vgl. Söffing et al. (2013), S. 29 Rn. 147.
[98] Vgl. Mueller-Thuns et al. (2009), S. 228-229 Rn. 149-151.
[99] Vgl. ebda.
[100] Vgl. Mueller-Thuns et al. (2009), S. 228-229 Rn. 149-151.
[101] Vgl. BGH (1979), 2126.
[102] Vgl. Wagner/Rux (2013), S. 80 Rn. 119.
[103] Vgl. Mueller-Thuns et al. (2009), S. 213 Rn. 86.

Stehenlassen von Gewinnen erbracht werden.[105] Außerdem kann die Art der Einlage nachträglich geändert werden und eine Verrechnung mit Forderungen der Gesellschaft ist möglich.[106] Bei der GmbH müssen laut § 7 Abs. 3 GmbHG Sacheinlagen bereits vor der Handelsregisteranmeldung erbracht werden. Für die GmbH & Co. KG als Personengesellschaft gibt es eine solche Vorschrift nicht.

Während bei der GmbH & Co. KG ein Stammkapital i. H. v. EUR 25.000 zur Gründung der Komplementär-GmbH und Kommanditeinlagen in frei wählbarer Höhe aufgebracht werden müssen, ist bei der OHG von den Gesellschaftern kein Mindestkapital zu erbringen.[107] Die Gründung einer OHG ist durch den geringeren Abstimmungsaufwand und die Abschlussmöglichkeit eines formfreien Gesellschaftsvertrages[108] weniger zeit- und kostenintensiv als die Gründung der GmbH & Co. KG.

3.3.3 Umwandlung in eine GmbH & Co. KG

Anstatt einer Neugründung der GmbH & Co. KG ist auch eine Umwandlung nach dem Umwandlungsgesetz (UmwG) möglich.[109] Dabei kann eine Umwandlung nach § 1 UmwG durch Verschmelzung, Spaltung, Vermögensübertragung oder Formwechsel erfolgen. Bei der Verschmelzung, der Spaltung sowie der Vermögensübertragung geht das gesamte Vermögen einschließlich der Verbindlichkeiten im Wege der Gesamt- bzw. Sonderrechtsfolge über.[110]

Darüber hinaus ist aber auch eine identitätswahrende Umwandlung durch eine Änderung der Rechtsform möglich.[111] Wie beim Formwechsel[112] liegt auch bei der identitätswahrenden Umwandlung keine Vermögensübertragung vor.[113] Die Umwandlung einer OHG in eine GmbH & Co. KG erfolgt im Rahmen der identitätswahrenden Umwandlung durch Änderung des Gesellschaftsverhältnisses.[114] Zunächst bedarf es der Gründung einer GmbH.[115] Diese übernimmt dann die Komplementärstellung für die GmbH & Co. KG, während die anderen Gesellschafter der OHG zu Kommanditisten werden. Die wirtschaftliche und rechtliche Identität der Gesellschaft bleibt bei der Umwandlung in eine neue Rechtsform erhalten.[116] Daher liegt keine

---

[104] Vgl. Söffing et al. (2013), S. 34 Rn. 181-182.

[105] Vgl. BFH (1977), 699.

[106] Vgl. Schmidt/Grunewald/Mülbert (2012), § 172 Rn. 55.

[107] Vgl. Joost et al. (2014), § 105 Rn. 24.

[108] Vgl. Häublein et al. (2016), § 105 Rn. 23.

[109] Vgl. Reichert et al. (2015), § 10 Rn. 1.

[110] Vgl. Wagner/Rux (2013), S. 515-516 Rn. 811-813.

[111] Vgl. Wagner/Rux (2013), S. 100 Rn. 158.

[112] Vgl. Stengel et al. (2012), § 190 Rn. 4.

[113] Vgl. Wagner/Rux (2013), S. 100 Rn. 158.

[114] Vgl. Joost et al. (2014), § 105 Rn. 133.

[115] Vgl. im Folgenden Wagner/Rux (2013), S. 100 Rn. 158.

[116] Vgl. Wagner/Rux (2013), S. 100 Rn. 158.

Übertragung vor, das Umwandlungssteuergesetz findet keine Anwendung und es werden keine Steuern ausgelöst.[117]

Die Umwandlung einer GmbH in eine GmbH & Co. KG ist auf unterschiedliche Weise möglich. Sowohl eine Verschmelzung, als auch ein Formwechsel kommen in Betracht.[118] Bei der Verschmelzung geht das Vermögen der GmbH auf die bestehende oder neu gegründete GmbH & Co. KG im Rahmen der Gesamtrechtsnachfolge über.[119] Die Gesellschafter der GmbH erhalten nach § 2 UmwG Anteile an der GmbH & Co. KG, während die GmbH aufgelöst wird. Dazu muss bezugnehmend auf § 4 UmwG und § 6 UmwG ein notariell beurkundeter Verschmelzungsvertrag abgeschlossen werden. Weiterhin schreibt der § 8 UmwG die Anfertigung eines Verschmelzungsberichtes vor. Die GmbH hat höchstens acht Monate vor der Anmeldung zum Handelsregister laut § 16 Abs. 1 UmwG eine Schlussbilanz nach § 17 Abs. 2 UmwG aufzustellen. Dabei erfolgt ein Wechsel vom Trennungs- zum Transparenzprinzip.[120] Steuerrechtlich wird eine Vermögensübertragung fingiert.[121] In diesem Fall der Umwandlung kommt es zu Gewinnen und Dividenden und somit zu einer Besteuerung.[122]

Bei einem Formwechsel durch die §§ 190 ff. UmwG bleibt die Identität des Rechtsträgers erhalten und es findet kein Vermögensübergang statt.[123] Zunächst wird gemäß § 193 UmwG ein Beschluss zur Umwandlung gefasst. Die zukünftige Komplementär-GmbH muss vor der Umwandlung an der umzuwandelnden GmbH beteiligt sein.[124] Bedingt auf § 192 Abs. 1 UmwG ist ein Umwandlungsbericht aufzustellen. Dieser Bericht ist laut § 199 UmwG der Anmeldung der Umwandlung zum Handelsregister beizufügen. Da die Eintragung im Sinne des § 198 UmwG konstitutive Wirkung hat, wird durch die Eintragung die Umwandlung vollzogen.[125]

3.4 Rechte und Pflichten der Gesellschafter

3.4.1 Geschäftsführung und Vertretung

Gemäß §§ 114, 125 HGB sind nur Gesellschafter zur Vertretung und Geschäftsführung der Gesellschaft ermächtigt. Dieses Grundprinzip der Selbstorganschaft bei Personengesellschaften hängt zusammen mit der persönlichen Haftung der Gesellschafter.[126] Kommanditisten sind über § 164 HGB und § 170 HGB von der Geschäftsführung im Innenverhältnis und der Vertretung im Außenverhältnis ausgeschlossen. Die Kommanditisten verfügen gemäß § 166 HGB über Kontrollrechte und Mitwirkungsrechte im Rahmen der Gesellschafterversammlung. Zur

---

[117] Vgl. ebda.

[118] Vgl. Wagner/Rux (2013), S. 503 Rn. 790.

[119] Vgl. Wagner/Rux (2013), S. 503-504 Rn. 791.

[120] Vgl. Söffing et al. (2013), S. 813 Rn. 4151.

[121] Vgl. BFH (2004), 474.

[122] Vgl. Wagner/Rux (2013), S. 518-520 Rn. 817-821.

[123] Vgl. Joost et al. (2014), § 105 Rn. 132.

[124] Vgl. Wagner/Rux (2013), S. 510 Rn. 801.

[125] Vgl. Wagner/Rux (2013), S. 511 Rn. 804.

[126] Vgl. Baumbach et al. (2014), § 125 Rn. 5.

Ausübung dieser Befugnisse stehen den Kommanditisten funktionsgebundene Informations-rechte zur Verfügung.[127] Nach § 164 HGB obliegt ihnen ein Recht zu widersprechen, wenn der Sachverhalt über den gewöhnlichen Geschäftsbetrieb hinausgeht.

Somit verbleibt das alleinige Recht zur Vertretung und Geschäftsführung bei der Komplemen-tär-GmbH, die nur aus wichtigem Grund abberufen werden kann.[128] Die Komplementär-GmbH selbst bestellt mindestens einen Geschäftsführer, der diese sowohl im Innenverhältnis laut § 6 Abs. 1 GmbHG, als auch im Außenverhältnis gemäß § 35 Abs. 1 u. Abs. 2 GmbHG vertritt. Dieser kann begründet auf § 6 Abs. 3 GmbHG entweder ein Gesellschafter oder auch ein fremder Dritter sein. In diesem Fall spricht man von der sogenannten Fremdorganschaft bei Kapitalgesellschaften.[129] Da der Geschäftsführer der GmbH somit auch die Geschäfte der GmbH & Co. KG führt, kommt es eigentlich zu einer Fremdorganschaft der GmbH & Co. KG. [130] Die Fremdorganschaft ermöglicht der GmbH & Co. KG auch externe Personen als Ge-schäftsführer einzusetzen.[131] Die Stellung als Geschäftsführer begründet weder bei einem Gesellschafter-Geschäftsführer noch bei einem fremden Dritten ein Arbeitsverhältnis.[132] Anders als der Bundesgerichtshof erachtet das Bundesarbeitsgericht es jedoch für möglich,[133] dass der Geschäftsführer eine Arbeitnehmerstellung nach den allgemeinen Kriterien zur Abgrenzung vom Dienstverhältnis innehat.[134] Handelt es sich um einen beherrschenden Gesellschafter-Geschäftsführer, liegt auch arbeitsrechtlich kein Arbeitsverhältnis vor.[135] Somit handelt es sich bei der Geschäftsführung steuer- und sozialrechtlich um eine selbständige Tätigkeit, wenn der Geschäftsführer mindestens 50 Prozent des Stammkapitals hält.[136] Auch der europäische Gerichtshof hat bestätigt, dass ein Geschäftsführer als Arbeitnehmer gelten kann.[137] Grundsätz-lich kann diese Entscheidung auch auf Gesellschafter-Geschäftsführer übertragen werden.[138] Im jeweiligen Einzelfall ist dies, insbesondere auf die Arbeitnehmereigenschaften, zu prüfen.[139]

Im Falle einer nicht identischen GmbH & Co. KG kann die Trennung von Unternehmensfüh-rung und Gesellschafterstellung bewusst zur Gestaltung genutzt werden.[140] Vor allem im Bereich der Unternehmensnachfolge ist es teilweise sinnvoll nur einem Gesellschafter die

---

[127] Vgl. Reichert et al. (2015), § 25 Rn. 14-23.
[128] Vgl. Fehrenbacher/Tavakoli (2014), S. 77 Rn. 9.
[129] Vgl. Froning et al. (2005), § 38 Rn. 47.
[130] Vgl. Schmidt/Grunewald/Mülbert (2012), § 161 Rn. 49.
[131] Vgl. ebda.
[132] Vgl. BGH (1981a), 982-983.
[133] Vgl. Schrader/Schubert (2005), 1459-1460.
[134] Vgl. BAG (1999), 1906-1907.
[135] Vgl. Reichert et al. (2015), § 16 Rn. 86.
[136] Vgl. BFH (2011b), 911.
[137] Vgl. EuGH (2015), 12.
[138] Vgl. Stenslik (2015), S. 2334-2336.
[139] Vgl. ebda.
[140] Vgl. Fehrenbacher/Tavakoli (2014), S. 22 Rn. 10.

Geschäftsführung zu überlassen.[141] Die Mitwirkungsrechte der Kommanditisten können auf ein Minimum begrenzt werden, während die Komplementär-GmbH die Gewalt über die Unternehmensführung besitzt.[142]

Während für Kommanditisten kein gesetzliches Wettbewerbsverbot herrscht,[143] ist dieses für die Komplementär-GmbH in § 161 Abs. 2 HGB i. V. m. § 112 HGB geregelt. Sowohl der Komplementär, als auch die Kommanditisten müssen im Interesse der Gesellschaft handeln und dürfen aufgrund ihrer Treuepflicht der Erreichung des Gesellschaftszwecks nicht schaden.[144] Im Falle einer Zahlungsunfähigkeit muss von den Gesellschaftern nach § 15a Abs. 1 InsO unverzüglich ein Insolvenzeröffnungsantrag gestellt werden. Da bei der OHG natürliche Personen persönlich haften, haben sie gemäß §15a Abs. 1 InsO keine Pflicht einen solchen Antrag zu stellen.

Für die OHG herrscht auch der Grundsatz der Selbstorganschaft.[145] Aufgrund der §§ 114 ff. HGB steht die Führung jedem Gesellschafter alleine zu, soweit es sich um übliche Geschäfte handelt. Die Befugnis zur Vertretung der OHG durch einen jeden Gesellschafter begründet auf § 125 HGB kann gegenüber Dritten gemäß § 126 Abs. 2 HGB nicht widerrufen werden.

Bei einer GmbH muss aufgrund des § 1 Abs. 1 Nr. 3 DrittelbG und des § 4 Abs. 1 DrittelbG ab einer Anzahl von 500 Arbeitnehmern ein Aufsichtsrat zu einem Drittel mit Arbeitnehmern gebildet werden. Bei mehr als 2000 Arbeitnehmern werden laut § 1 Abs. 1 i. V. m. § 4 Abs. 1 MitbestG die Arbeitnehmer der GmbH & Co. KG der Komplementär-GmbH zugerechnet und diese muss den Arbeitnehmern ein Mitbestimmungsrecht im Sinne des Mitbestimmungsgesetzes gewähren.

3.4.2 Verteilung von Gewinn und Verlust

Die Gesellschafter der Komplementär-GmbH haben gemäß § 29 Abs. 1 GmbHG grundsätzlich einen Anspruch auf den Gewinn der Gesellschaft. Die Verteilung erfolgt mangels abweichender Regelungen im Gesellschaftsvertrag durch § 29 Abs. 2 GmbHG im Verhältnis der Kapitalanteile. Ein konkreter Anspruch auf Ausschüttung des Gewinns liegt erst nach Erstellung des Ergebnisverwendungsbeschlusses vor.[146] Die Gesellschafter können im Ergebnisverwendungsbeschluss nach § 29 Abs. 2 GmbHG auch vereinbaren, dass Gewinne vorgetragen oder in Gewinnrücklagen eingestellt werden. Um die Ergebnisverwendung zu beschließen, bedarf es einer Mehrheit der Stimmen nach § 47 Abs. 1 und Abs. 2 GmbHG.

---

[141] Vgl. Reichert et al. (2015), § 3 Rn. 5.

[142] Vgl. Fehrenbacher/Tavakoli (2014), S. 22-23 Rn. 10.

[143] Vgl. Mueller-Thuns et al. (2009), S. 227 Rn. 143.

[144] Vgl. BGH (1986), 584.

[145] Vgl. Schmidt et al. (2011), § 109 Rn. 19.

[146] Vgl. Wicke (2016), § 29 Rn. 8-9.

Üblicherweise hält die Komplementär-GmbH keinen Kapitalanteil und wird nicht an den Verlusten der GmbH & Co. KG beteiligt.[147] Dem Komplementär steht nach § 161 Abs. 2 HGB i. V. m. § 122 HGB ein Entnahmerecht in Höhe von vier Prozent seines Kapitalanteils des letzten Geschäftsjahres zu. Zusätzlich kann er den darüber hinaus für das letzte Geschäftsjahr festgestellten Gewinn aufgrund von § 122 HGB entnehmen. Für die Haftung als Komplementär erhält die GmbH eine Haftungsvergütung, welche sich üblicherweise prozentual an ihrem Stammkapital bemisst.[148] Des Weiteren erhält die GmbH noch einen Ersatz für Aufwendungen, die mit der Geschäftsführungstätigkeit bei der GmbH & Co. KG zusammenhängen.[149] Dieser Aufwendungsersatz muss mindestens in gleicher Höhe sein, wie die Gehälter und Sozialversicherungsbeiträge für den Geschäftsführer der GmbH & Co. KG.[150]

Der Anspruch der Kommanditisten auf einen Gewinnanteil ergibt sich aus § 167 Abs. 1 HGB i. V. m. § 120 HGB. Laut § 168 HGB sind vom Gewinn zunächst vier Prozent der Kapitalanteile den Gesellschaftern gutzuschreiben. Reicht der Gewinn dazu nicht aus, sind nach § 121 Abs. 1 HGB i. V. m. § 168 Abs. 1 HGB entsprechend kleinere Prozentsätze zu wählen. Der restliche Gewinn ist gemäß § 168 Abs. 2 HGB in einem angemessenen Verhältnis zu verteilen. Abweichend dazu können die Gesellschafter in einem Gesellschafterbeschluss vereinbaren, dass der Gewinn vorgetragen wird und diesen durch einen weiteren Gesellschafterbeschluss auch unterjährig wieder entnehmen.[151] Ein Entnahmerecht steht den Kommanditisten gemäß § 169 Abs. 1 HGB i. V. m. § 122 HGB nicht zu. Sie haben begründet auf § 169 Abs. 1 HGB gegebenenfalls lediglich einen Anspruch auf Auszahlung ihres Gewinnanteils. Ein Verlust hat der Kommanditist bezugnehmend auf § 167 Abs. 3 HGB nur bis zur Höhe seines Kapitalanteils und seiner noch ausstehenden Haftungseinlage zu tragen. Durch die anteiligen Verluste wird das Kapitalkonto des Kommanditisten in der Gesellschaftsbilanz gemindert und kann ggf. negativ werden.[152] Spätere Gewinne dürfen begründet auf § 169 Abs. 1 S. 2 HGB nicht entnommen werden, solange das Kapitalkonto die Höhe der Haftungseinlage nicht erreicht.[153] Begründet auf § 169 Abs. 2 HGB sind entnommene Gewinne der Kommanditisten bei späteren Verlusten nicht zurück zu vergüten.[154] Auch ein negatives Kapitalkonto muss bei der Beendigung der Gesellschaft nicht ausgeglichen werden. Hat der Kommanditist ein negatives Kapitalkonto, wird sein Anteil am Gewinn zunächst zum Ausgleich verwendet. Gemäß § 167 Abs. 2 HGB wird der Gewinnanteil dem Kapitalkonto nur hinzugeschrieben, bis der Betrag der vereinbarten Haf-

---

[147] Vgl. Froning et al. (2005), § 42 Rn. 16.

[148] Vgl. Gummert et. al. (2014), § 57 Rn. 210-211.

[149] Vgl. Söffing et al. (2013), S. 47-48 Rn. 258.

[150] Vgl. Gummert et al. (2014), § 57 Rn. 210.

[151] Vgl. Decker/Weitz (2015), S. 556.

[152] Vgl. Schreiber (2012), S. 230.

[153] Vgl. Söffing et al. (2013), S. 444 Rn. 2223.

[154] Vgl. im Folgenden Schreiber (2012), S. 230.

tungseinlage erreicht ist. Über die Haftungseinlage hinausgehende Gewinne werden in das Sonderbetriebs- oder Privatvermögen der Gesellschafter überführt.[155]

Bei der OHG steht jedem Gesellschafter gemäß § 121 Abs. 1 HGB auch zunächst ein Gewinn in Höhe von vier Prozent seines Kapitalanteils zu. Der verbleibende Gewinn sowie ein etwaiger Verlust werden laut § 121 Abs. 3 HGB nach Köpfen verteilt. Eine abweichende Vereinbarung im Gesellschaftsvertrag ist aufgrund des § 109 HGB zulässig.

3.4.3 Haftung

Die persönliche und unbeschränkte Haftung der Komplementär-GmbH für die GmbH & Co. KG ergibt sich aus § 128 HGB i. V. m. § 161 Abs. 2 HGB. Die Gesellschafter der GmbH sind von der Haftung gemäß § 13 Abs. 2 GmbHG befreit. Die Kommanditisten haften nur bis zur Höhe ihrer im Handelsregister eingetragenen Haftungseinlage nach § 171 Abs. 1 HGB, soweit diese geleistet ist. Wird eine Einlage zurückgezahlt, so gilt sie gemäß § 172 Abs. 4 HGB als nicht geleistet. Die im Handelsregister eingetragene Einlage entspricht regelmäßig der Kommanditeinlage, wenn keine abweichenden Vereinbarungen getroffen wurden.[156] Im Innenverhältnis kann eine von der Hafteinlage abweichende Kommanditeinlage vereinbart werden.[157] Aus vorgenannten Gründen ist das Privatvermögen aller beteiligten natürlichen Personen vor einer Inanspruchnahme durch Haftung geschützt.[158]

Der Geschäftsführer haftet gegenüber der GmbH durch § 280 BGB für eine vertragliche Pflichtverletzung. Begeht der Geschäftsführer eine Pflichtverletzung durch schuldhaftes Tun oder Unterlassen, haftet er aufgrund von § 43 Abs. 2 GmbHG auch gegenüber der GmbH & Co. KG. Verletzt der Geschäftsführer ein Schutzgesetz, insbesondere eine vermögensschützende Strafrechtsnorm, kann es durch ein Verschulden seinerseits zu einer Haftung nach § 823 BGB gegenüber den Gesellschaftern kommen. In Bezug auf § 69 AO i. V. m. § 34 AO haftet der Geschäftsführer auch für Steuerschulden der Gesellschaft, vorausgesetzt diese sind aufgrund einer grob fahrlässigen Pflichtverletzung nicht oder verspätet abgeführt worden.

Entsprechend dem § 128 HGB haften die Gesellschafter einer OHG persönlich, unbeschränkt und gesamtschuldnerisch. Dies bedeutet, dass jeder Gesellschafter alleine für die Verbindlichkeiten der Gesellschaft in Anspruch genommen werden kann und dieser dadurch einen Anspruch gegen die Gesellschaft bzw. die anderen Gesellschafter erwirkt.[159]

---

[155] Vgl. Söffing et al. (2013), S. 72 Rn. 412.

[156] Vgl. Baumbach et al. (2014), § 171 Rn. 1.

[157] Vgl. Fehrenbacher/Tavakoli (2014), S. 20 Rn. 5.

[158] Vgl. ebda.

[159] Vgl. Koller et al. (2015), § 129 Rn. 9-10.

3.5 Finanzierung

Der Begriff Finanzierung beschreibt die Beschaffung von Eigen- und Fremdkapital.[160] Dabei bildet die Eigenfinanzierung das Eigenkapital[161] und die Fremdfinanzierung das Fremdkapital ab.[162] Die Innenfinanzierung beschreibt die Mittelfreisetzung im Unternehmen und die Außenfinanzierung dementsprechend die Finanzierung durch externe Quellen.[163] Die Finanzierung über Kredite gehört zur Fremd- und Außenfinanzierung.[164] Die Innen- und Eigenfinanzierung umschreibt die Selbstfinanzierung.[165] Die Aufnahme neuer Gesellschafter gehört zur Eigen- und Außenfinanzierung.[166]

Die Priorität von mittelständischen Unternehmen liegt vor allem auf der finanziellen Unabhängigkeit.[167] Dem entgegen erfolgt sowohl die kurzfristige, als auch die langfristige Finanzierung meist über Bankkredite.[168] Vor allem im Mittelstand[169] ist die Existenzsicherung durch ausreichend Liquidität in Form von Bankkrediten aufgrund von Basel II und III schwieriger geworden. Der Mittelstand erhält aufgrund von Basel II im Allgemeinen eine niedrigere Bonität. Dennoch bildet die Aufnahme von Krediten zusammen mit der Innenfinanzierung die Grundlage der Finanzierung des deutschen Mittelstands.

Fremdkapitalgeber zeichnen sich dadurch aus, dass ihnen keine Mitsprache- und Kontrollrechte zustehen.[170] Sie haften nicht für Verbindlichkeiten oder Verluste der Gesellschaft.[171] Außerdem stellen sie das Kapital nur zeitlich befristet gegen einen Zinszahlungsanspruch zur Verfügung.[172] Die Zinsen stellen bei der Gesellschaft eine Betriebsausgabe dar. Der Kreditzins ermittelt sich über das Rating der Banken und die damit verbundene Bonitätsprüfung.[173] Bei einer OHG haften die Gesellschafter unbeschränkt und gesamtschuldnerisch, daher dienen auch die Werte im Privatvermögen der Gesellschafter als Sicherheiten der Banken.[174] Die geringeren Sicherheiten der GmbH und der GmbH & Co. KG wirken sich auch auf die Zinsen aus.[175]

---

[160] Vgl. Piekenbrock/Hasenbalg (2014), S. 198.
[161] Vgl. Piekenbrock/Hasenbalg (2014), S. 140.
[162] Vgl. Piekenbrock/Hasenbalg (2014), S. 211.
[163] Vgl. Becker/Ulrich/Botzkowski (2015), S. 8.
[164] Vgl. Schuster/Rüdt von Collenberg (2015), S. 120.
[165] Vgl. Becker/Ulrich/Botzkowski (2015), S. 9.
[166] Vgl. Schuster/Rüdt von Collenberg (2015), S. 121.
[167] Vgl. Becker/Ulrich/Botzkowski (2015), S. 79.
[168] Vgl. Becker/Ulrich/Botzkowski (2015), S. 16.
[169] Vgl. im Folgenden Becker/Ulrich/Botzkowski (2015), S. 1.
[170] Vgl. Eckardt (2011), S. 184.
[171] Vgl. Becker/Ulrich/Botzkowski (2015), S. 131.
[172] Vgl. ebda.
[173] Vgl. Becker/Ulrich/Botzkowski (2015), S. 63.
[174] Vgl. Weipert et al. (2014), § 68 Rn. 2.
[175] Vgl. Kirmße/Lindemann/Schiele (2013), S. 13-14.

Die Kapitalaufbringung und -erhaltung ist bei der GmbH wesentlich strenger gesetzlich geregelt, als bei den Personengesellschaften.[176] Die Aufnahme eines Gesellschafters zur Eigenfinanzierung kann nicht erfolgen ohne ihm auch Rechte beispielsweise nach § 51a GmbHG auf Einsicht und Auskunft zu gewähren. Auch bei der OHG stehen den Gesellschaftern unabdingbare Rechte zu, wie die Befugnis zur Vertretung der OHG gemäß § 125 HGB. Die flexibleren Gestaltungsmöglichkeiten der Beschaffung von Kapital der GmbH & Co. KG resultieren vor allem aus der Gestaltungsfreiheit des Gesellschaftsvertrags.[177]

Die Innenfinanzierung zur Eigenkapitalerhöhung erfolgt bei Personengesellschaften zum Beispiel durch einen Entnahmeverzicht auf den bereits versteuerten Gewinn.[178] Die Einbehaltung von Gewinnen wird als Thesaurierung bezeichnet.[179] Bei der GmbH handelt es sich dabei um einen Gewinnvortrag oder die Einstellung in eine Gewinnrücklage.[180]

3.6 Rechnungslegung

Im Sinne des Handelsgesetzbuches handelt es sich aufgrund des § 6 Abs. 1 HGB sowohl bei der GmbH als auch bei der GmbH & Co. KG um einen Kaufmann. Nach § 238 Abs. 1 HGB besteht für beide Gesellschaften somit die Pflicht Bücher zu führen und nach § 242 HGB einen Jahresabschluss aufzustellen. Der Geschäftsführer hat nach § 41 Abs. 1 GmbHG für die ordnungsgemäße Buchführung der GmbH und der GmbH & Co. KG Sorge zu tragen.[181] Für die GmbH und die GmbH & Co. KG sind jeweils gesonderte Jahresabschlüsse aufzustellen.[182] Zur Aufstellung der Handelsbilanz sind die Ansatzvorschriften der §§ 246 ff. HGB und die Bewertungsvorschriften der §§ 252 ff. HGB zu beachten.[183] Für die GmbH sind die Besonderheiten der Kapitalgesellschaften gemäß §§ 264 ff. HGB zu berücksichtigen.[184] Diese treten gemäß § 264a HGB auch für die GmbH & Co. KG in Kraft. Für die Rechnungslegung der Komplementär-GmbH gelten häufig die größenabhängigen Erleichterungen für Kleinstkapitalgesellschaften nach § 267a HGB i. V. m. § 267 HGB.[185] Eine mittelständische GmbH & Co. KG kann aufgrund der Mittelstandsdefinition[186] keine große Gesellschaft i. S. d. § 267 HGB sein. Bereits mittelgroße Gesellschaften haben aber einen Lagebericht nach § 264 Abs. 1 HGB i. V. m. § 289 HGB aufzustellen und diesen wie auch den Jahresabschluss nach § 319 Abs. 1 HGB prüfen zu lassen. Beide Gesellschaften haben ihren Jahresabschluss und ggf. Lagebericht nach § 325 HGB offen zu legen. Durch die Offenlegung im Bundesanzeiger können Dritte schnell einen Einblick

---

[176] Vgl. Mueller-Thuns et al. (2009), S. 19 Rn. 13-14.

[177] Vgl. Fehrenbacher/Tavakoli (2014), S. 23 Rn. 11; Kapital 3.3.1.

[178] Vgl. Schuster/Rüdt von Collenberg (2015), S. 121.

[179] Vgl. Piekenbrock/Hasenbalg (2014), S. 497.

[180] Vgl. Schuster/Rüdt von Collenberg (2015), S. 121.

[181] Vgl. Wagner/Rux (2013), S. 180 Rn. 338.

[182] Vgl. Söffing et al. (2013), S. 62 Rn. 351.

[183] Vgl. Wagner/Rux (2013), S. 181 Rn. 339.

[184] Vgl. ebda.

[185] Vgl. Söffing et al. (2013), S. 62 Rn. 354.

[186] Vgl. Kapitel 2.

in die Grundlagen der Gesellschaft bekommen.[187] Die Gestaltungsmöglichkeiten, um eine Offenlegung zu vermeiden, sind immer mit Nachteilen und Risiken verbunden.[188] Beispielsweise könnte eine natürliche Person als zweiter Komplementär eintreten,[189] jedoch würde diese dann mit ihrem gesamten Vermögen haften.[190] Eine Vorschrift zur Offenlegung für Gesellschaften mit natürlichen Personen als unbeschränkt haftenden Gesellschaftern, wie beispielsweise die OHG, existiert nicht.[191]

Die vermögensmäßige Beteiligung eines Gesellschafters wird durch sein Kapitalkonto bzw. seine Kapitalkonten dargestellt.[192] Für die Gesellschafter der GmbH & Co. KG wird ein variables Kapitalkonto gemäß § 161 Abs. 2 HGB i. V. m. § 120 Abs. 2 HGB geführt. Zumeist wird vertraglich ein zweites Kapitalkonto mit der Haftungseinlage vereinbart und geführt.[193] Ab dem Jahr 2015 müssen auch Personengesellschaften im Rahmen der elektronischen Bilanz die Entwicklung der Kapitalkonten, die Sonderbilanzen und die Ergänzungsbilanzen an das zuständige Finanzamt übermitteln.[194]

3.7 Gesellschafterwechsel

Möglichkeiten von Gesellschafterwechseln sind die Übertragung, der Aus- und Eintritt von Gesellschaftern oder der Erbfall.[195] Ein Gesellschafterwechsel kann durch Eintritt eines neuen Gesellschafters mit Begründung einer neuen Mitgliedschaft und zusätzlichen Einlageverpflichtungen und Austritt des Altgesellschafters erfolgen.[196] Tritt ein neuer Gesellschafter in die Gesellschaft ein, werden durch seine Einlage das Gesellschaftsvermögen und das Eigenkapital erhöht.[197] Die Möglichkeit einer direkten Anteilsübertragung muss vertraglich oder durch Zustimmung der anderen Gesellschafter begründet werden.[198] Die Anteilsübertragung ist formfrei, es sei denn, dass sie durch den Zusammenhang mit der Übertragung von GmbH Anteilen notariell beurkundungspflichtig nach § 15 Abs. 4 S. 1 GmbHG wird.[199] Der neue Gesellschafter tritt durch die Anteilsübertragung in die Rechtsstellung des Altgesellschafters und übernimmt seine Haftungseinlage.[200]

---

[187] Vgl. Söffing et al. (2013), S. 72 Rn. 414.
[188] Vgl. Hafner/Spitz (2015) S. 2623 ff.
[189] Vgl. LG (2005), 2461.
[190] Vgl. Baumbach et al. (2014), § 128 Rn. 1.
[191] Vgl. Baumbach et al. (2014), § 316 Rn. 1.
[192] Vgl. Wagner/Rux (2013), S. 184 Rn. 347.
[193] Vgl. Wagner/Rux (2013), S. 184-185 Rn. 347-348.
[194] Vgl. Riepolt/Steinegger (2016), S. 184 f.
[195] Vgl. Söffing et al. (2013), S. 79 Rn. 462.
[196] Vgl. Söffing et al. (2013), S. 80 Rn. 464; S. 82 Rn. 473.
[197] Vgl. Reichert et al. (2015), 33 Rn. 63.
[198] Vgl. Schmidt et al. (2011), § 105 Rn. 213.
[199] Vgl. Wagner/Rux (2013), S. 360-361 Rn. 568.
[200] Vgl. BGH (1981c), 82-90.

Ein Gesellschafter kann laut § 131 Abs. 3 HGB unter anderem durch Tod, Kündigung, Eröffnung eines Insolvenzverfahrens oder Gesellschafterbeschluss aus der Gesellschaft austreten. Kündigen kann der Gesellschafter nach § 161 Abs. 2 HGB i. V. m. § 132 HGB mit einer Frist von sechs Monaten zum Ende des Geschäftsjahres. Die Beteiligung am Gesellschaftsvermögen wächst nach dem Ausscheiden anteilig zu Gunsten der verbleibenden Gesellschafter gemäß § 161 Abs. 2 HGB und § 105 Abs. 3 HGB i. V. m. § 738 Abs. 1 BGB. Der ausscheidende Gesellschafter hat einen Abfindungsanspruch in Höhe seiner Beteiligung, der wie bei einer Liquidation der Gesellschaft bewertet wird.[201] Verstirbt der Kommanditist wird die Gesellschaft allerdings gemäß § 177 HGB mit den Erben fortgesetzt. Sowohl bei Eintritt und Austritt eines Gesellschafters, als auch bei der Übertragung der Anteile schreibt der § 162 Abs. 3 HGB eine Anmeldung zum Handelsregister vor.

Aufgrund der Gestaltung in den Gesellschaftsverträgen muss teilweise der GmbH Anteil mit dem GmbH & Co. KG Anteil zusammen übertragen oder veräußert werden.[202] Statt der Kündigungsmöglichkeit sieht das Gesetz nur eine Veräußerbarkeit des Geschäftsanteils gemäß § 15 Abs. 1 GmbHG vor. Bei der GmbH kann der Geschäftsanteil nur nach § 34 GmbHG eingezogen oder veräußert werden.[203] Im Falle einer identischen GmbH & Co. KG sollte vertraglich geregelt werden, dass eine Änderung in den Gesellschaftsverhältnissen der GmbH & Co. KG auch eine Änderung in den Gesellschaftsverhältnissen der GmbH bedarf, um die Personen- und Beteiligungsidentität beizubehalten.[204] Der neu in die GmbH eintretende Gesellschafter erwirbt einen Geschäftsanteil an der GmbH.[205] Die durch den Beitritt eines neuen Gesellschafters bedingte Stammkapitalerhöhung ist nach § 57 Abs. 1 GmbHG im Handelsregister einzutragen. Dazu bedarf es einer notariell beglaubigten Erklärung des Übernehmers gemäß § 55 Abs. 1 GmbHG.

Im Falle einer Einziehung des GmbH-Anteils verliert der Altgesellschafter seine Mitgliedschaftsrechte und erhält einen Abfindungsanspruch in Höhe seines Geschäftsanteils.[206] Der Geschäftsanteil des betroffenen Gesellschafters geht unter und die Nennbeträge der verbleibenden Gesellschafter sind an das Stammkapital anzupassen.[207]

Ein Verkauf ist sowohl an Mitgesellschafter, laut § 33 GmbHG an die GmbH selbst oder an Dritte zulässig.[208] Die Abtretung des Anteils wird begründet auf § 15 Abs. 3 GmbHG mit Abschluss des notariellen Vertrags rechtswirksam. Außerdem muss der Verkauf nach § 40 Abs.

---

[201] Vgl. Wagner/Rux (2013), S. 394 Rn. 632.

[202] Vgl. Wagner/Rux (2013), S. 371 Rn. 587-588.

[203] Vgl. Reichert et al. (2015), § 31 Rn. 7.

[204] Vgl. Mueller-Thuns et al. (2009), S. 232 Rn. 161.

[205] Vgl. Birle/Diehl (2007), S. 240 Rn. 812.

[206] Vgl. Birle/Diehl (2007), S. 305 Rn. 1072; Birle/Diehl (2007), S. 309 Rn. 1093.

[207] Vgl. Reichert et al. (2015), § 31 Rn. 49-50.

[208] Vgl. Verspay (2014), S. 152.

1 S. 2 GmbHG dem Geschäftsführer nachgewiesen und der Erwerber in die Gesellschafterliste aufgenommen werden.

3.8 Beendigung der Gesellschaft

3.8.1 Auflösung der Komplementär-GmbH

Auflösungsgründe für die GmbH sind gemäß § 60 GmbHG unter anderem ein formloser Beschluss der Gesellschafter, die Insolvenzeröffnung oder gerichtliche Urteile. Durch Beendigung der GmbH & Co. KG wird die Komplementär-GmbH nur nach § 60 Abs. 2 GmbHG aufgelöst, wenn entsprechendes im Gesellschaftsvertrag vereinbart wurde. Ein Beschluss der Gesellschafter der GmbH zur Auflösung bedarf in Bezug auf § 60 Abs. 1 GmbHG einer drei Viertel Mehrheit der abgegebenen Stimmen. Die Geschäftsführer werden laut § 66 Abs. 1 GmbHG zu den Liquidatoren der Gesellschaft. Diese sind nach § 67 Abs. 1 GmbHG ins Handelsregister einzutragen. In der Abwicklungsphase muss die Gesellschaft aufgrund von § 68 Abs. 2 GmbHG einen weiteren Firmenzusatz tragen, der auf die Liquidation hinweist. Die Auflösung der Gesellschaft ist gemäß § 65 Abs. 1 GmbHG, insbesondere im Fall der Auflösung durch einen Gesellschafterbeschluss im Handelsregister eintragen zu lassen. Der Handelsregistereintrag entfaltet jedoch nur deklaratorische Wirkung.[209] Zusätzlich zu den periodischen Jahresabschlüssen muss laut § 71 Abs. 1 GmbHG eine Eröffnungsbilanz für den Beginn der Liquidation erstellt werden. Die Gesellschaft muss auch weiterhin Steuererklärungen abgeben.[210] Außerdem muss die Liquidation gemäß § 65 Abs. 2 GmbHG im elektronischen Bundesanzeiger veröffentlicht werden. Mit dieser Bekanntmachung beginnt das so genannte Sperrjahr.[211] Dabei werden die Gläubiger dazu aufgefordert sich bei der Gesellschaft zu melden, damit die Gesellschaft ihre Forderungen begleichen kann.[212] Nach Ablauf des Sperrjahres und Tilgung der Gesellschaftsschulden,[213] wird das Vermögen der Gesellschaft gemäß § 72 GmbHG nach dem Verhältnis der Geschäftsanteile verteilt. Die Beendigung der GmbH erfolgt mit der Löschung im Handelsregister, sobald sie vermögenslos ist.[214]

3.8.2 Auflösung der GmbH & Co. KG

Die GmbH & Co. KG kann gemäß § 161 Abs. 2 HGB i. V. m. § 131 Abs. 1 u. Abs. 2 HGB unter anderem durch einen Beschluss der Gesellschafter, durch eine gerichtliche Entscheidung oder ggf. durch die Insolvenzeröffnung aufgelöst werden. Wird die GmbH nach Beendigung der GmbH & Co. KG weitergeführt, bedarf es eines neuen Unternehmensgegenstands für die GmbH.[215]

---

[209] Vgl. Roth/Altmeppen (2015), § 65 Rn. 2.

[210] Vgl. Birle/Diehl (2007), S. 818 Rn. 3231.

[211] Vgl. Schmidt-Leithoff et al. (2013), § 73 Rn. 3-4.

[212] Vgl. ebda.

[213] Vgl. Wicke (2016), § 73 Rn. 2-4.

[214] Vgl. Baumbach et al. (2013), § 60 Rn. 3, 6.

[215] Vgl. Reichert et al. (2015), § 46 Rn. 65.

Eine Auflösung der GmbH & Co. KG durch das Versterben des Komplementärs[216] ist im Gegensatz zu der KG ausgeschlossen, da die Komplementär-GmbH als juristische Person nicht sterben kann. Der Tod des Komplementärs führt aber auch nicht zur sofortigen Auflösung einer KG. Zur Auflösung der KG kommt es nur, wenn kein Kommanditist oder eine andere Person die persönliche Haftung als Komplementär übernimmt.

Im Gegensatz zum Auflösungsbeschluss der GmbH bedarf der Auflösungsbeschluss der GmbH & Co. KG einer einstimmigen Entscheidung der Gesellschafter.[217] Als Mindestinhalt muss der Beschluss den Zeitpunkt und die Tatsache der Auflösung enthalten.[218] Die Auflösung ist laut § 143 Abs. 1 S. 1 HGB von allen Gesellschaftern mit deklaratorischer Wirkung[219] in das Handelsregister einzutragen. Mit dem Tag der Anmeldung zur Eintragung beginnt die Verjährungsfrist von fünf Jahren für Ansprüche gegen die Gesellschafter.[220] Während der Auflösung der Gesellschaft wird sie aus einer werbenden Gesellschaft zur Liquidationsgesellschaft.[221] Gemäß § 161 Abs. 2 HGB i. V. m. § 146 Abs. 1 HGB werden sämtliche Gesellschafter zu Liquidatoren. Diese sind nach § 148 Abs. 1 S. 1 HGB auch zur Eintragung in das Handelsregister anzumelden. Die GmbH & Co. KG muss wie die GmbH einen Firmenzusatz tragen, der auf die Liquidation hinweist.[222] Die Ziele des Liquidationsverfahrens sind laut § 149 S. 1 HGB vor allem die laufenden Geschäfte zu beenden, alle Verbindlichkeiten der Gesellschaft zu begleichen und das Vermögen zu verwerten. Diese sind mit den Zielen des Liquidationsverfahrens der GmbH nach § 70 GmbHG identisch. Gemäß § 154 HGB muss die GmbH & Co. KG zusätzlich zu den periodischen Jahresabschlüssen eine Liquidationseröffnungs- und eine Liquidationsschlussbilanz erstellen. Die Verteilung des Vermögens bemisst sich aufgrund von § 155 Abs. 1 HGB nach den Kapitalanteilen in der Liquidationsschlussbilanz. Nach Verteilung des Vermögens ist die Gesellschaft vollständig beendet.[223] Das Löschen der GmbH ist laut § 157 HGB zum Handelsregister anzumelden. In der Literatur wird teilweise die Ansicht vertreten, dass das Sperrjahr und somit der Ausschluss einer vorläufigen Verteilung des Vermögens auch für die GmbH & Co. KG gilt.[224]

---

[216] Vgl. im Folgenden Fehrenbacher/Tavakoli (2014), S. 24 Rn. 13.

[217] Vgl. Baumbach et al. (2014), § 131 Rn. 12.

[218] Vgl. Gummert et al. (2014), § 45 Rn. 36.

[219] Vgl. Mueller-Thuns et al. (2009), S. 800 Rn. 38.

[220] Vgl. Reichert et al. (2015), § 46 Rn. 56.

[221] Vgl. Schmidt et al. (2011), § 131 Rn. 6.

[222] Vgl. Mueller-Thuns et al. (2009), S. 804-805 Rn. 55.

[223] Vgl. Fehrenbacher/Tavakoli (2014), S. 223 Rn. 19.

[224] Vgl. Roth/Altmeppen (2015), § 73 Rn. 35.

4 Steuerrechtliche Behandlung der GmbH & Co. KG

4.1 Abgrenzung des Betriebsvermögens

Das Betriebsvermögen lässt sich in Bezug auf R 4.2 Abs. 2 EStR nach den Eigentumsverhältnissen unterteilen in das Gesamthandvermögen, das Sonderbetriebsvermögen I und das Sonderbetriebsvermögen II. Zum Gesamthandvermögen gehören alle Wirtschaftsgüter im Eigentum der GmbH & Co. KG, die Betriebsvermögen darstellen.[225] Zum Betriebsvermögen der GmbH & Co. KG gehören nach H 4.2 Abs. 11 EStH alle Wirtschaftsgüter, die nicht ausschließlich oder fast ausschließlich der privaten Lebensführung dienen. Gemäß R 4.2 Abs. 1 S. 5 EStR ist dementsprechend bei einer privaten Nutzung von über 90 Prozent eine Zuordnung der Wirtschaftsgüter zum Privatvermögen vorzunehmen. Das Vorliegen von gewillkürtem Betriebsvermögen im Gesamthandvermögen der GmbH & Co. KG wird ausgeschlossen.[226]

Wirtschaftsgüter, die dem Betrieb dienen und deren Eigentümer ein Gesellschafter ist, stellen gemäß R 4.2 Abs. 2 EStR Sonderbetriebsvermögen I dar. Das Sonderbetriebsvermögen II umfasst nach dieser Vorschrift alle Wirtschaftsgüter im Eigentum des Gesellschafters, die zur Begründung oder Stärkung seiner Beteiligung genutzt werden. Das Sonderbetriebsvermögen darf nicht in der Gesamthandbilanz berücksichtigt werden, sondern muss in der steuerlichen Sonderbilanz des jeweiligen Gesellschafters aktiviert werden.[227] Dennoch hat die GmbH & Co. KG die Sonderbilanzen und die Gewinn- und Verlustrechnungen zu führen.[228] In den Sonderbilanzen und Sondergewinn- und Verlustrechnungen werden laut § 15 Abs. 1 S. 1 Nr. 2 S. 1 Hs. 2 EStG u. a. Vergütungen von der Gesellschaft, wirtschaftliche Belastungen der Gesellschafter und Wirtschaftsgüter erfasst, wenn sie durch die Beteiligung an der GmbH & Co. KG begründet werden und zu den gewerblichen Einkünften der Mitunternehmerschaft gehören.[229] In den Sonderbilanzen kann auch gewillkürtes Betriebsvermögen vorliegen.[230] Das notwendige Betriebsvermögen der Sonderbilanzen umfasst laut R 4.2 Abs. 1 EStR sämtliche Wirtschaftsgüter, die zu mehr als 50 Prozent betrieblich genutzt werden. Liegt der betriebliche Nutzungsanteil zwischen 10 Prozent und 40 Prozent besteht aufgrund der R 4.2 Abs. 1 S. 3 EStR ein Zuordnungswahlrecht zum gewillkürten Betriebsvermögen oder zum Privatvermögen. Etwaige Sondervergütungen an die Gesellschafter haben zunächst den Gewinn der GmbH & Co. KG gemindert.[231] Durch die Zurechnung im jeweiligen Sonderbetriebsvermögen soll nun eine Veränderung des Gewinns erfolgen.[232] Die Vergütungen werden behandelt als hätte kein

---

[225] Vgl. Gummert et al. (2014), § 57 Rn. 107.

[226] Vgl. Söffing et al. (2013), S. 210-211, Rn. 1096-1098.

[227] Vgl. Gummert et al. (2014), § 26 Rn. 58.

[228] Vgl. BFH (1991a), 401.

[229] Vgl. Fehrenbacher/Tavakoli (2014), S. 85 Rn. 32.

[230] Vgl. Söffing et al. (2013), S. 222 Rn. 1139; Söffing et al. (2013), S. 226 Rn. 1156-1158.

[231] Vgl. BFH (1987), 1078-1080; Söffing et al. (2013), S. 311 Rn. 1546.

[232] Vgl. ebda.

entgeltliches Geschäft stattgefunden und die Gesellschafter hätten dadurch lediglich einen höheren Gewinnanteil erhalten.[233]

Ist ein Kommanditist auch an der Komplementär-GmbH beteiligt, deren einziger Unternehmenszweck die Komplementärstellung für die GmbH & Co. KG ist, so handelt es sich bei der Beteiligung gemäß H 4.2 EStH um Sonderbetriebsvermögen II des Gesellschafters.[234] Diese Konstellation liegt bei den meisten Erscheinungsformen der GmbH & Co. KG vor.[235] Andernfalls gehören die Anteile an der Komplementär-GmbH zum gewillkürten Sonderbetriebsvermögen oder zum Privatvermögen des Gesellschafters.

Gehört die Beteiligung an der GmbH zum Sonderbetriebsvermögen des Kommanditisten sind Ausschüttungen inklusive der Kapitalertragsteuer und des Solidaritätszuschlags nach § 20 Abs. 8 EStG den Einkünften aus Gewerbebetrieb zuzurechnen.[236] Die Besteuerung der Ausschüttung als Sonderbetriebseinnahme erfolgt nach dem Teileinkünfteverfahren.[237] Gemäß § 3 Nr. 40 EStG sind 40 Prozent der Ausschüttung steuerfrei. Dementsprechend sind laut § 3c Abs. 2 EStG die Kosten dieser Beteiligung auch zu 40 Prozent nicht abzugsfähig.

Die Vergütung an einen Kommanditisten für die Geschäftsführertätigkeit bei der GmbH & Co. KG stellt inklusive etwaiger Sozialversicherungsbeiträge eine Sonderbetriebseinnahme dar.[238] Bei der GmbH führt die Vergütung in gleicher Höhe zu Sonderbetriebsausgaben.[239] Da die GmbH & Co. KG die Aufwendungen der GmbH erstattet, ist zusätzlich eine Sonderbetriebseinnahme der GmbH zu berücksichtigen.[240] Bei der GmbH & Co. KG wird diese Erstattung als Betriebsausgabe erfasst.[241]

Ist der Geschäftsführer kein Kommanditist, liegen bei ihm Einkünfte aus nichtselbständiger Arbeit i. S. d. § 19 Abs. 1 Nr. 1 EStG vor.[242] Wie bei dem geschäftsführenden Kommanditisten hat die GmbH Sonderbetriebseinnahmen und -ausgaben in gleicher Höhe.[243] Der Betriebsausgabenabzug bei der GmbH & Co. KG für die Erstattung der Vergütung ist auch in diesem Fall vorhanden.[244]

---

[233] Vgl. BFH (1987), 1078-1080; Söffing et al. (2013), S. 311 Rn. 1546.

[234] Vgl. BFH (1993a), 328.

[235] Vgl. Kapitel 3.1.

[236] Vgl. BGH (2013), 1391.

[237] Vgl. Gummert et al. (2014), § 57 Rn. 198.

[238] Vgl. BFH (2007b), 942.

[239] Vgl. im Folgenden Gummert et al. (2014), § 57 Rn. 176-179.

[240] Vgl. ebda.

[241] Vgl. Söffing et al. (2013), S. 305 Rn. 1519.

[242] Vgl. im Folgenden Gummert et al. (2014), § 57 Rn. 175.

[243] Vgl. ebda.

[244] Vgl. Söffing et al. (2013), S. 306 Rn. 1521.

Bei der Haftungsvergütung und dem Aufwendungsersatz, den die GmbH erhält, ist zu prüfen, ob es sich um eine Sondervergütung handelt.[245] Liegt eine Sondervergütung vor, ist diese in dem Sonderbetriebsvermögen der GmbH zu berücksichtigen.[246]

4.2 Besteuerung der Gesellschaft

Ein wichtiges Kriterium für die Rechtsformwahl ist die voraussichtliche Steuerbelastung.[247] Die GmbH & Co. KG gilt auch steuerrechtlich als Personengesellschaft.[248] Einkommensteuer und Körperschaftsteuer hat die GmbH & Co. KG als transparente Gesellschaft[249] jedoch nicht zu tragen.[250] Der § 1 Abs. 1 EStG sieht als Einkommensteuerpflichtige nur natürliche Personen vor und in der abschließenden Aufzählung des § 1 Abs. 1 KStG ist die Rechtsform der GmbH & Co. KG nicht enthalten. Die Steuersubjekte der Einkommens- und Körperschaftsteuer sind die Gesellschafter.[251] Vorheriges gilt gleichwohl für die Erbschafts- und Schenkungssteuer.[252] Die GmbH & Co. KG hat für die Gesellschafter die jeweiligen Gewinnanteile aus der Mitunternehmerschaft zu ermitteln, welche dann beim Gesellschafter versteuert werden.[253] Die Gesellschaft kann selbst als Steuersubjekt gemäß § 1 Abs. 1 GewStG der Gewerbesteuer und nach § 1 Abs. 1 Nr. 1 UStG i. V. m. § 2 Abs. 1 UStG der Umsatzsteuer unterliegen. Wirtschaftlich gesehen mindern diese Steuerabgaben der Gesellschaft dennoch das Einkommen der Gesellschafter.[254]

4.2.1 Die Mitunternehmerschaft

Zu einer Mitunternehmerschaft gehören Personengesellschaften, die als Gewerbebetriebe, Selbständige oder Land- und Forstwirte tätig sind.[255] Ein Gewerbebetrieb liegt gemäß § 15 Abs. 2 EStG bei einer selbständigen und nachhaltigen Tätigkeit mit Gewinnerzielungsabsicht und der Beteiligung am allgemeinen wirtschaftlichen Verkehr vor.[256] Außerdem schließt § 15 Abs. 2 EStG Land- und Forstwirtschaft sowie freie Berufe und selbständige Tätigkeiten bei einem Gewerbebetrieb aus. Eine gewerbliche Tätigkeit liegt auch im Falle einer reinen Vermögensverwaltung nach § 14 Abs. 3 AO und R 15.7 Abs. 1 EStR nicht vor.[257]

Gemäß § 15 Abs. 3 Nr. 1 EStG handelt es sich um einen Gewerbebetrieb, wenn die Gesellschaft nur eine geringfügige gewerbliche Tätigkeit ausübt. Die gewerblichen Einkünfte färben dann gemäß der so genannten Abfärberegelung des H 15.8 Abs. 5 EStH auf alle anderen Einkünfte

---

[245] Vgl. Gummert et al. (2014), § 57 Rn. 170-172.

[246] Vgl. ebda.

[247] Vgl. Schreiber (2012), S. 307.

[248] Vgl. Reichert et al. (2015), § 1 Rn 16.

[249] Vgl. Riepolt/Steinegger (2015), S. 9.

[250] Vgl. Fehrenbacher/Tavakoli (2014), S. 19 Rn. 3.

[251] Vgl. Gummert et al. (2014), § 57 Rn. 30.

[252] Vgl. Söffing et al. (2013), S. 741 Rn. 3772.

[253] Vgl. Schmidt et al. (2011), § 124 Rn. 36.

[254] Vgl. Schreiber (2012), S. 3.

[255] Vgl. Söffing et al. (2013), S. 173 Rn. 883.

[256] Vgl. BFH (2002a), 537; Kraft (2014), S. 28.

[257] Vgl. BFH (2009), 965.

der Gesellschaft ab. Somit werden sämtliche Einkünfte als Einkünfte aus Gewerbebetrieb qualifiziert.[258]

Bei der GmbH & Co. KG handelt es sich nach § 15 Abs. 3 Nr. 2 EStG und R 15.8 Abs. 6 EStR um eine gewerblich geprägte Personengesellschaft, wenn die Geschäftsführung von der Komplementär-GmbH oder einer anderen Person, die nicht an der Gesellschaft beteiligt ist, übernommen wird und die Absicht Gewinne zu erzielen besteht. Außerdem dürfen in Bezug auf § 15 Abs. 3 Nr. 2 EStG nur Kapitalgesellschaften persönlich haftende Gesellschafter sein. Da nach dem Grundsatz der Selbstorganschaft die Geschäftsführung der Komplementär-GmbH obliegt, ist zumeist von einer gewerblich geprägten Personengesellschaft, also einem Gewerbebetrieb auszugehen.[259] Anstatt der GmbH kann für das Vorliegen einer gewerblichen Prägung des § 15 Abs. 3 Nr. 2 S. 2 EStG auch eine gewerbliche geprägte Personengesellschaft Komplementär sein. Gemäß § 2 Abs. 1 S. 1 u. S. 2 GewStG unterliegt die Gesellschaft somit der Gewerbesteuer als Gewerbebetrieb.

Der steuerliche Begriff der Mitunternehmerschaft bezieht sich auf eine Personengesellschaft zu der Mitunternehmer i. S. d. § 15 Abs. 2 S. 1 EStG gehören.[260] Die Stellung als Mitunternehmer wird laut H 15.8 Abs. 1 EStH durch Mitunternehmerinitiative und Mitunternehmerrisiko begründet.[261] Das Gesellschafterverhältnis an sich begründet noch keine Mitunternehmerschaft.[262] Ein Kommanditist könnte bei umfassender vertraglicher Einschränkung seiner Rechte keinen Mitunternehmer darstellen.[263] Ob es sich um einen Mitunternehmer handelt ist immer nach dem Gesamtbild der Verhältnisse zu entscheiden.[264]

Mitunternehmerinitiative liegt bei einer Beteiligung an den Entscheidungen des Unternehmens vor und Mitunternehmerrisiko wird begründet durch eine Beteiligung an Gewinn, Verlust, stillen Reserven und am Geschäftswert.[265] Die Komplementär-GmbH ist zwar zumeist nicht an dem Gewinn und Verlust der Gesellschaft beteiligt, erfüllt aber den Tatbestand des Mitunternehmerrisikos durch die unbeschränkte Haftung.[266] Die Mitunternehmerinitiative der GmbH wird begründet durch die Geschäftsführung und Vertretung der GmbH & Co. KG.[267] Die Kommanditisten sind auch als Mitunternehmer anzusehen, da sie Mitunternehmerrisiko aus der Beteiligung am Gewinn und beschränkten Verlust nach § 167 HGB haben sowie Mitunterneh-

---

[258] Vgl. BVerfG (2005), 95.

[259] Vgl. Wagner/Rux (2013), S. 240-241 Rn. 433.

[260] Vgl. Piekenbrock/Hasenbalg (2014), S. 387.

[261] Vgl. Schreiber (2012), S. 29-30.

[262] Vgl. BFH (1984), 751.

[263] Vgl. Söffing et al. (2013), S. 177 Rn. 895.

[264] Vgl. BFH (1984), 751.

[265] Vgl. BFH (1993b), 616.

[266] Vgl. BFH (2007a), 2002-2005.

[267] Vgl. ebda.

merinitiative durch die Rechte, die ihnen in der Gesellschafterversammlung gemäß § 166 HGB obliegen.[268]

Somit handelt es sich bei den Gewinnanteilen der Mitunternehmerschaft um Einkünfte aus Gewerbebetrieb nach § 15 Abs. 1 S. 1 Nr. 2 EStG. Diese werden gemäß § 2 Abs. 2 Nr. 1 als Gewinn ermittelt. In nachfolgenden Kapiteln wird aus Vereinfachungsgründen immer von einer gewerblich tätigen GmbH & Co. KG ausgegangen, bei der alle Gesellschafter als Mitunternehmer anzusehen sind.

4.2.1.1 Gewinnermittlung der Mitunternehmerschaft

Die GmbH & Co. KG hat nach § 180 AO eine Erklärung zur gesonderten und einheitlichen Feststellung von Besteuerungsgrundlagen für die Gesellschafter zu erstellen. Die steuerliche Gewinnfeststellung erfolgt einheitlich für alle Gesellschafter und in einem gesonderten Festsetzungsverfahren.[269] Die steuerliche Gewinnermittlung für die Mitunternehmerschaft erfolgt in zwei Stufen.[270]

Die erste Stufe der Gewinnermittlung betrifft die Feststellung des Gewinns auf Basis der Gesamthandsbilanz.[271] Die Grundlage der steuerlichen Gesamthandsbilanz ist die Handelsbilanz.[272] Entweder ist gesondert eine Steuerbilanz zu erstellen oder es wird laut § 60 Abs. 2 EStDV die Handelsbilanz den steuerlichen Vorschriften beispielsweise in einer Überleitungsrechnung angepasst.[273] Gemäß § 5 Abs. 1 S. 1 EStG i. V. m. § 4 Abs. 1 EStG ist der steuerliche Gewinn durch Betriebsvermögensvergleich zu ermitteln. Soweit steuerliche Vorschriften nichts Abweichendes bestimmen, richtet sich dieser nach den handelsrechtlichen Grundsätzen ordnungsmäßiger Buchführung.[274] Sowohl bei Ergänzungsbilanzen wie auch bei Sonderbilanzen wird der Gewinn nach den gleichen Vorschriften ermittelt, wie der Gewinn der GmbH & Co. KG.[275]

Die steuerliche Gewinnermittlung aus der Personengesellschaft umfasst zusätzlich zur Gesamthandsbilanz die steuerlichen Ergänzungsbilanzen sowie die Ergänzungsgewinn- und Ergänzungsverlustrechnungen der Gesellschafter.[276] Dieses Vorgehen wird als steuerliche Bruchteilsbetrachtung bezeichnet.[277] In der Ergänzungsbilanz werden steuerliche Bewertungskorrekturen zum Gesamthandsvermögen vorgenommen.[278] Das ist notwendig, da teilweise nur einzelne

---

[268] Vgl. Söffing et al. (2013), S. 177 Rn. 895-896.

[269] Vgl. Preißer/von Rönn (2010), S. 119.

[270] Vgl. Fehrenbacher/Tavakoli (2014), S. 84 Rn. 31 u. 32.

[271] Vgl. Fehrenbacher/Tavakoli (2014), S. 84 Rn. 31.

[272] Vgl. Weipert et al. (2014), § 65 Rn. 22-23.

[273] Vgl. Wagner/Rux (2013), S. 183 Rn. 343.

[274] Vgl. Wagner/Rux (2013), S. 182 Rn. 341.

[275] Vgl. Weipert et al. (2014), § 65 Rn. 22-23.

[276] Vgl. Fehrenbacher/Tavakoli (2014), S. 84-85 Rn. 31.

[277] Vgl. Gschwendtner (1993), 817.

[278] Vgl. Gummert et al. (2014), § 57 Rn. 101.

Gesellschafter die Voraussetzungen für bestimmte steuerliche Bewertungen erfüllen.[279] Vor allem kommen Ergänzungsbilanzen bei Eintritt eines Gesellschafters, bei Gesellschafterwechseln sowie bei Einbringung von Unternehmen oder Wirtschaftsgütern aus dem Privatvermögen gegen Gesellschafterrechte vor.[280]

Die zweite Stufe berücksichtigt zusätzlich noch die Sonderbilanzen und Sondergewinn- und Sonderverlustrechnungen der Mitunternehmer.[281] In der vorherigen Gewinnermittlungsstufe wurden sämtliche Verträge zwischen der Personengesellschaft und ihren Gesellschaftern, wie bei fremden Dritten berücksichtigt.[282] Nunmehr wird geprüft, ob diese Vereinbarungen einen Beitrag zum Unternehmenzweck leisten und somit durch das Gesellschafterverhältnis begründet sind.[283] Ist dieses Tatbestandsmerkmal erfüllt, werden die betreffenden Sachverhalte, wie im vorherigen Abschnitt dargestellt, im Sonderbetriebsvermögen berücksichtigt. Am Ende dieser zweistufigen Gewinnermittlung liegt der gesamte steuerliche Gewinn aus der Mitunternehmerschaft vor.[284]

4.2.1.2   Gewinnverteilung

Der steuerrechtliche Gewinn der Gesellschaftsbilanz wird nach den handelsrechtlichen[285] oder gesellschaftsvertraglichen Regelungen verteilt.[286] Zunächst werden dabei erst einmal etwaige Vorweggewinne auf die Gesellschafter verteilt.[287] Zu den Vorweggewinnen gehören Vergütungen an die Gesellschafter aufgrund des Gesellschaftsvertrages, die bei der Gesellschaft nicht als Aufwand berücksichtigt wurden.[288] Als nächstes wird der steuerliche Gewinn der Personengesellschaft nach dem handelsrechtlichen oder vertraglichen Gewinnverteilungsschlüssel auf die Gesellschafter verteilt.[289] Aufgrund der oftmals fehlenden Kapitalbeteiligung der GmbH und einer vertraglichen Vereinbarung wird der Gewinn zumeist nur den Kommanditisten anteilig zugerechnet.[290] Daraufhin werden die Ergebnisse der Ergänzungsbilanzen bei den zugehörigen Gesellschaftern berücksichtigt. Ergibt sich dabei ein Verlust ist die Begrenzung des Verlustabzugs nach § 15a EStG zu beachten. Zuletzt werden die jeweiligen Sonderbilanzergebnisse hinzugerechnet oder abgezogen.[291] Das Ergebnis stellt den steuerlichen Gewinnanteil für den einzelnen Gesellschafter dar. Die Summe dieser Gewinnanteile ergibt den steuerlichen Gesamt-

---

[279] Vgl. Weipert et al. (2014), § 65 Rn. 29.

[280] Vgl. Söffing et al. (2013), S. 360 Rn. 1787.

[281] Vgl. Weipert et al. (2014), § 65 Rn. 32.

[282] Vgl. Kraft (2014), S. 226.

[283] Vgl. ebda.

[284] Vgl. Söffing et al. (2013), S. 357 Rn. 1778-1779.

[285] Vgl. Kapitel 3.3.2.

[286] Vgl. Söffing et al. (2013), S. 425 Rn. 2108.

[287] Vgl. Söffing et al. (2013), S. 429 Rn. 2128.

[288] Vgl. BFH (2001), 621.

[289] Vgl. Söffing et al. (2013), S. 424 Rn. 2102-2103.

[290] Vgl. Reichert et al. (2015), § 24 Rn. 9.

[291] Vgl. BMF (1993b), 976.

gewinn der Mitunternehmerschaft. Der Gewinn des Kommanditisten wird abschließend seinem variablen Kapitalkonto gutgeschrieben. Ist der Saldo des variablen Kapitalkontos positiv, kann der Gewinn entnommen werden.

4.2.1.3 Begrenzung des Verlustabzugs

Das Einkommensteuerrecht begrenzt gemäß § 15a EStG aufgrund der Haftungsbeschränkung der Kommanditisten auch deren Verlustabzugsmöglichkeiten.[292] Die Begrenzung des Verlustabzugs dient dazu, dass nur Verluste geltend gemacht werden können, die der Gesellschafter auch wirklich zu tragen hat.[293] Dabei stellt § 15a Abs. 1 EStG ausschließlich auf Verluste des Gesamthandsvermögens sowie der Ergänzungsbilanzen der Kommanditisten ab.[294] Gewinne aus dem Sonderbetriebsvermögen der Gesellschafter werden erst mit den nach § 15a festgestellten ausgleichsfähigen Verlusten saldiert.[295] Das Sonderbetriebsvermögen unterliegt keinen Verlustabzugsbeschränkungen, da die Verluste immer vom Gesellschafter zu tragen sind.[296] Der Kommanditist hat gemäß § 15a Abs. 1 S. 1 EStG grundsätzlich ausgleichsfähige Verluste in Höhe von seinem Kapitalkonto. Die Höhe seines Kapitalkontos ergibt sich aus der Summe des variablen und des festen Kapitalkontos zuzüglich anteiliger Gewinn- und Kapitalrücklagen.[297] Außerdem erhält er laut § 15a Abs. 1 S. 2 und 3 EStG einen weiteren Verlustabzug in Höhe der erweiterten Außenhaftung. Die erweiterte Außenhaftung tritt ein, wenn ein Gesellschafter seine Hafteinlage im Sinne des Handelsregistereintrags nicht vollständig eingezahlt hat.[298] In Höhe der erweiterten Außenhaftung würde der Gesellschafter somit aufgrund des § 171 Abs. 1 HGB auch mit seinem Privatvermögen haften.[299] In diesem Fall ist es ohne Bedeutung, dass ein negatives Kapitalkonto entsteht oder sich erhöht. Auch in der Steuerbilanz kann also ein negatives Kapitalkonto entstehen oder sich erhöhen.[300]

Die ausgleichsfähigen Verluste werden nach § 15a Abs. 1 S. 1 EStG im Umkehrschluss, soweit nach Verrechnung mit dem Sonderbetriebsvermögen noch ein Verlust besteht, als negative Einkünfte aus Gewerbebetrieb im Rahmen der Einkommensteuererklärungen der Gesellschafter berücksichtigt und können nach § 10d EStG vor- bzw. zurückgetragen werden. Nicht abziehbare Verluste sind später verrechenbar, werden gesondert festgestellt und können i. S. d. § 15a Abs. 2 EStG in den Folgejahren ausschließlich mit Gewinnen aus der gleichen Beteiligungen verrechnet werden.[301]

---

[292] Vgl. Fehrenbacher/Tavakoli (2014), S. 149-150 Rn. 108.

[293] Vgl. Schreiber (2012), S. 167-172.

[294] Vgl. BFH (1992), 167-172.

[295] Vgl. Söffing et al. (2013), S. 472 Rn. 2357.

[296] Vgl. Gummert et al. (2015), § 17 Rn. 124.

[297] Vgl. Mueller-Thuns et al. (2009), S. 531 Rn. 412.

[298] Vgl. Gummert et al. (2015), § 17 Rn. 126-128.

[299] Vgl. Sahrmann (2012), S. 1109-1110.

[300] Vgl. BFH (1986), 58.

[301] Vgl. Söffing et al. (2013), S. 492 Rn. 2426-2427.

Falls im Handelsregister die Höhe der Einlage geändert wird, erhöht sich dementsprechend der abzugsfähige Verlust. Bei Minderung der Haftungseinlage liegt bezugnehmend auf § 15a Abs. 3 S. 3 EStG ein Gewinn in Höhe der Differenz der alten Hafteinlage und der neuen geringeren Hafteinlage vor.[302] Gleichzeitig erhält der Gesellschafter in identischer Höhe später verrechenbare Verluste im Sinne des § 15a Abs. 2 EStG. Der Gewinn ist jedoch begrenzt auf die Höhe der ausgleichsfähigen und abzugsfähigen Verluste innerhalb der letzten zehn Jahre.[303]

Wird in einem Jahr mit Verlusten eine Einlage geleistet, so erhöht sich der ausgleichsfähige Verlust um die Höhe der Einlage, soweit keine erweiterte Außenhaftung besteht.[304] Gemäß § 15a Abs. 1 S. 1 EStG kann die Einlage auch zum Ausgleich in Folgejahren verwendet werden, aber höchstens bis ein negatives Kapitalkonto entsteht oder weiter ansteigt. Entnimmt der Kommanditist einen Teil seiner Einlage wieder, handelt es sich um eine Einlagenminderung. Entsteht dabei ein negatives Kapitalkonto wird in dieser Höhe nach § 15a Abs. 3 S. 1 EStG ein Gewinn fingiert, da dieser Betrag zuvor als Verlust geltend gemacht wurde.[305]

4.2.2 Umsatzsteuer

Umsatzsteuerrechtlich ist eine Trennung von der GmbH & Co. KG und ihren Gesellschaftern vorzunehmen.[306] Der Umsatzsteuer unterliegen aufgrund des Umsatzsteuergesetzes (UStG) alle steuerbaren und steuerpflichtigen Lieferungen und sonstigen Leistungen.[307] Gemäß § 1 Abs. 1 UStG ist die Lieferung oder sonstige Leistungen, die von einem Unternehmer im Rahmen seines Unternehmens gegen Entgelt im Inland ausgeführt wird, steuerbar. Unternehmer i. S. d. § 2 Abs. 1 UStG ist, wer eine nachhaltige Tätigkeit zur Einnahmenerzielung selbständig ausübt. Eine Gewinnerzielungsabsicht ist umsatzsteuerrechtlich nicht erforderlich.[308] Somit ist auch eine gewerblich tätige GmbH & Co. KG ein Unternehmer im umsatzsteuerrechlichen Sinn.[309] Führt die GmbH & Co. KG also entsprechend steuerbare Leistungen aus und sind diese nicht nach § 4 UStG steuerbefreit, hat sie ihre Umsätze der Umsatzsteuer zu unterwerfen und kann gemäß § 15 Abs. 1 UStG ggf. einen Vorsteuerabzug geltend machen. Außerdem hat die GmbH & Co. KG laut § 18 Abs. 1-3 UStG Umsatzsteuervoranmeldungen zu erstellen und jährlich eine Umsatzsteuererklärung abzugeben. Die Umsatzsteuer bemisst sich durch § 10 Abs. 1 UStG nach dem vereinbarten Entgelt abzüglich der Umsatzsteuer. Eine unentgeltliche sonstige Leistung nach § 3 Abs. 9a Nr. 1 UStG wird einer entgeltlichen gleichgestellt. Auch eine Entnahme i. S. d. § 3 Abs. 1b UStG wird als Lieferung behandelt. Als Bemessungsgrundlage dient dazu aufgrund des § 10 Abs. 4 UStG der Einkaufspreis zuzüglich Nebenkosten bzw. die

---

[302] Vgl. Söffing et al. (2013), S. 507 Rn. 2501.

[303] Vgl. Söffing et al. (2013), S. 511 Rn. 2511.

[304] Vgl. Sahrmann (2012), S. 1110-1111.

[305] Vgl. Söffing et al. (2013), S. 501 Rn. 2475; Söffing et al. (2013), S. 502 Rn. 2480.

[306] Vgl. Fehrenbacher/Tavakoli (2014), S. 65 Rn. 68.

[307] Vgl. Söffing et al. (2013), S. 711 Rn. 3641.

[308] Vgl. Schreiber (2012), S. 148.

[309] Vgl. Fehrenbacher/Tavakoli (2014), S. 96 Rn. 67.

entstandenen Ausgaben, soweit diese zu einem Vorsteuerabzug geführt haben. Der Steuersatz beträgt § 12 Abs. 1 UStG entsprechend 19 Prozent, wenn nicht eine Lieferung oder sonstige Leistung im Sinne des § 12 Abs. 2 UStG mit einem ermäßigten Steuersatz von sieben Prozent vorliegt. Steuerschuldner ist nach § 13a UStG der Unternehmer, solange es nicht zu einer Umkehr der Steuerschuldnerschaft begründet auf § 13b UStG kommt. Die Steuer ist grundsätzlich nach vereinbarten Entgelten gemäß § 16 Abs. 1 UStG zu berechnen, es sei denn es wurde zutreffend ein Antrag zur Besteuerung nach vereinbarten Entgelten laut § 20 UStG gestellt.

Hatte die GmbH & Co. KG im Vorjahr steuerpflichtige Umsätze in Höhe von unter EUR 17.500 und im laufenden Kalenderjahr voraussichtlich unter EUR 50.000, kann sie gemäß § 19 UStG die Kleinunternehmerregelung beanspruchen und muss somit keine Umsatzsteuer abführen. Gleichzeitig verliert die Gesellschaft dadurch aber auch die Möglichkeit des Vorsteuerabzugs.[310]

Lieferungen und sonstige Leitungen der Gesellschaft an ihre Gesellschafter sind gleichwohl nach den oben genannten Grundsätzen zu beurteilen.[311] Die Unternehmereigenschaft ist unabhängig von der Rechtsform des Unternehmens.[312] Somit unterliegt auch eine OHG den gleichen Regelungen und hat bei identischen Rechtsgeschäften auch die Umsatzsteuer in gleicher Höhe zu tragen wie die GmbH & Co. KG.

4.2.3 Gewerbesteuer

Die GmbH & Co. KG ist gewerbesteuerpflichtig nach § 2 Abs. 1 S. 1 GewStG, da sie ein Gewerbe im Sinne des § 15 Abs. 3 Nr. 2 EStG betreibt. Für die Ermittlung des Gewerbeertrags dient gemäß § 7 Abs. 1 GewStG der einkommensteuerliche oder körperschaftsteuerliche Gewinn aus Gewerbebetrieb. Dieser wird gemäß § 7 Abs. 1 GewStG erhöht um die Hinzurechnungen nach § 8 GewStG und vermindert um die Kürzungen des § 9 GewStG. Der Gewerbeertrag ist laut § 9 Abs. 2a GewStG um Erträge aus der Beteiligung an der Komplementär-GmbH zu kürzen, wenn die Beteiligung zu Beginn des Erhebungszeitraumes mindestens 15 Prozent des Stammkapitals ausmacht. Da die im Sonderbetriebsvermögen der Kommanditisten gehaltenen Anteile an der Komplementär-GmbH berücksichtigt[313] und gemäß R 9.3 S. 4 GewStR zusammengerechnet werden, findet diese Regelung bei der identischen GmbH & Co. KG stets Anwendung. Diese Kürzung soll eine Doppelbelastung durch die Gewerbesteuer verhindern.[314]

Nach Abzug etwaiger Gewerbeverluste laut § 10a GewStG wird der Gewerbeertrag nach § 11 Abs. 1 GewStG auf volle EUR 100 abgerundet und um den Freibetrag für Personalgesellschaften in Höhe von EUR 24.500 höchstens bis auf null gekürzt. Das Ergebnis wird nun mit der Steuermesszahl in Höhe von 3,5 Prozent gemäß § 11 Abs. 2 GewStG multipliziert. Der auf diese Weise ermittelte Steuermessbetrag wird nach § 14 S. 1 GewStG aufgrund der abgegebe-

---

[310] Vgl. Schreiber (2012), S. 161.

[311] Vgl. Fehrenbacher/Tavakoli (2014), S. 163 Rn. 141.

[312] Vgl. UStAE, Abschnitt 2.1 Abs. 1 S. 1.

[313] Vgl. Braunagel et al. (2012), S. 541 Rn. 106.

[314] Vgl. BFH (2006), 759-761.

nen Erklärung des Steuerschuldners vom Finanzamt festgesetzt. Zum Schluss wird der Steuermessbetrag aufgrund des § 16 Abs. 1 GewStG mit einem Hebesatz der hebeberechtigten
Gemeinde multipliziert um die Gewerbesteuer zu ermitteln. Entsteht ein Verlust, ist dieser nach
§ 10a GewStG gesondert fest zu stellen und vorzutragen.[315] Die Gewerbesteuer darf laut § 4
Abs. 5 Nr. 5b EStG nicht als Betriebsausgabe abgezogen werden.

4.3 Besteuerung der Gesellschafter

Die Komplementär-GmbH unterliegt der Gewerbesteuer,[316] der Körperschaftsteuer[317] und unter
Umständen auch der Umsatzsteuer.[318] Bei Gewinnausschüttungen der GmbH fällt außerdem
Kapitalertragsteuer an.[319] Die Kommanditisten unterliegen als natürliche Personen der Einkommensteuer[320] und ggf. der Umsatzsteuer, wenn sie als Unternehmer i. S. d. UStG angesehen
werden.[321] Zunächst soll die Ermittlung der Einkommensteuer betrachtet werden.

4.3.1 Einkommensteuer

Der unbeschränkten Einkommensteuerpflicht unterliegen gemäß § 1 Abs. 1 S. 1 EStG alle
natürlichen Personen mit Wohnsitz oder zumindest gewöhnlichem Aufenthalt im Inland. Die
Ermittlung des zu versteuernden Einkommens erfolgt nach § 2 EStG. Zunächst sind dabei
gemäß § 2 Abs. 1 EStG die Einkünfte zu bestimmen. Die Kommanditisten haben Gewinne aus
der Mitunternehmerschaft der GmbH & Co. KG.[322] Diese sind gemäß § 15 Abs. 1 Nr. 2 S. 1 i.
V. m. § 2 Abs. 2 Nr. 1 EStG Einkünfte aus Gewerbebetrieb.

Falls die Kommanditisten noch weitere Einkünfte haben werden diese hinzugerechnet, um die
Summe der Einkünfte zu erhalten.[323] Die Summe der Einkünfte wird bei vorliegenden Voraussetzungen vermindert um die Entlastungsbeträge und den Freibetrag nach § 2 Abs. 3 EStG und
ergibt somit den Gesamtbetrag der Einkünfte. Von dem Gesamtbetrag der Einkünfte werden
nun aufgrund von § 2 Abs. 4 EStG der Verlust i. S. d. § 10d EStG, die Sonderausgaben und die
außergewöhnlichen Belastungen abgezogen, um das Einkommen zu ermitteln. Zum Schluss
werden noch ein etwaiger Härteausgleich und Freibeträge für Kinder nach § 32 Abs. 6 EStG
berücksichtigt, falls diese sich günstiger auswirken als das schon gezahlte Kindergeld.[324] Aus
dem zu versteuernde Einkommen wird gemäß § 32a EStG die Einkommensteuer berechnet. Die
Einkommensteuer ermäßigt sich aufgrund Art. 1 Nr. 1 StSenkG wie nachfolgend erläutert wird
bei Einkünften aus Gewerbebetrieb noch, um die doppelte Steuerbelastung der Einkünfte aus

[315] Vgl. Schreiber (2012), S. 105.
[316] Vgl. Birle/Diehl (2007), S. 775 Rn. 2976.
[317] Vgl. Fehrenbacher/Tavakoli (2014), S. 117 Rn. 42.
[318] Vgl. Fehrenbacher/Tavakoli (2014), S. 163 Rn. 140.
[319] Vgl. Schmidt-Leithoff et al. (2013), Einleitung Rn. 114.
[320] Vgl. Söffing et al. (2013), S. 111 Rn. 656.
[321] Vgl. Mueller-Thuns et al. (2009), S. 641 Rn. 803.
[322] Vgl. Fehrenbacher/Tavakoli (2014), S. 123 Rn. 55.
[323] Vgl. Dinkelbach (2015), S. 56.
[324] Vgl. Dinkelbach (2015), S. 58.

Gewerbebetrieb mit Gewerbesteuer und Einkommensteuer abzumildern. Zusätzlich zu der Einkommensteuer ist noch ein Solidaritätszuschlag nach § 1 Abs. 1 SolzG und ggf. Kirchensteuer zu zahlen.[325]

4.3.1.1   Anrechnung der Gewerbesteuer

Die Anrechnung der Gewerbesteuer soll nach Art. 1 Nr. 25 UntStRefG unter anderem Mitunternehmer von Personengesellschaften, soweit sie laufende gewerbliche Einkünfte haben, entlasten. Die Steuerermäßigung ist gemäß § 35 Abs. 1 S. 1 Nr. 2 EStG begrenzt auf die Einkommensteuer, die im aktuellen Veranlagungszeitraum auf die Einkünfte aus Gewerbebetrieb entfällt. Um den Ermäßigungsbetrag zu erhalten ist der anteilige Gewerbesteuermessbetrag des Mitunternehmers mit 3,8 zu multiplizieren.[326] Der Gewerbesteuermessbetrag wird nach dem allgemeinen Gewinnverteilungsschlüssel auf die Gesellschafter verteilt und ohne die Ergebnisse der Sonder- und Ergänzungsbilanzen und ohne Berücksichtigung von Sondervergütungen berechnet.[327] Der sich ergebende Ermäßigungsbetrag mindert aufgrund von § 35 Abs. 1 S. 1 EStG direkt die tarifliche Einkommensteuer.

4.3.1.2   Begünstigung nicht entnommener Gewinne

Gewinne aus Gewerbebetrieb, die nicht entnommen werden, sind gemäß § 34a EStG begünstigt. Der Vorgang Gewinne im Unternehmen zu belassen nennt sich Thesaurierung.[328] Gemäß § 34a Abs. 1 Satz 1 EStG können im zu versteuernden Einkommen enthaltene und nicht entnommene Gewinne auf Antrag ganz oder teilweise mit einem Steuersatz von 28,25 Prozent versteuert werden. Ein Freibetrag bei der Veräußerung der Anteile nach § 16 Abs. 4 EStG und eine Steuerermäßigung nach § 34 EStG dürfen für diese Gewinne nicht in Anspruch genommen werden.[329] Außerdem muss der Gewinn des Kommanditisten mindestens EUR 10.000 oder zehn Prozent des gesamten Gewinns betragen, um diese Begünstigung in Anspruch nehmen zu können.[330] Der begünstigte Gewinn ist für jeden Kommanditisten gesondert festzustellen.[331] Sobald die ermäßigt besteuerten Gewinne entnommen werden, der Kommanditanteil oder der Betrieb veräußert oder aufgegeben wird und dadurch der Grund für die Begünstigung wegfällt, sind sie gemäß § 34a Abs. 4 EStG mit einem Steuersatz von 25 Prozent nachzuversteuern. Eine Nachversteuerung der Gewinne kann auf Antrag außerdem jederzeit erfolgen.[332]

---

[325] Vgl. Dinkelbach (2015), S. 305.

[326] Vgl. Mueller-Thuns et al. (2009), S. 615 Rn. 681.

[327] Vgl. BMF (2007), 701.

[328] Vgl. Piekenbrock/Hasenbalg (2014), S. 497.

[329] Vgl. BMF (2008), 1638.

[330] Vgl. ebda.

[331] Vgl. Dinkelbach (2015), S. 285.

[332] Vgl. Kraft (2014), S. 68-69.

4.3.2 Umsatzsteuer

Wenn die Gesellschafter eine nachhaltige Tätigkeit mit Einnahmenerzielungsabsicht selbständig ausüben, können auch diese Unternehmer im Sinne des § 2 Abs. 1 UStG sein. Die Gesellschafter werden nur zu Unternehmern, wenn sie umsatzsteuerbare und auch steuerpflichtige Leistungen an die GmbH & Co. KG erbringen.[333]

Liegen steuerbare Umsätze vor, für die nach § 4 UStG keine Steuerbefreiungen vorgesehen sind, müssen die Gesellschafter diese versteuern.[334] Beruht die Lieferung oder sonstige Leistung jedoch auf dem Gesellschafterverhältnis und wird diese mit einem Gewinnanteil abgegolten liegt keine besondere Vergütung und somit kein Leistungsaustausch vor.[335] Diese Abgrenzung gilt sowohl für Tätigkeitsvergütungen, als auch für Entgelte für die Überlassung von Wirtschaftsgütern.[336] Die Aufnahme eines Gesellschafters gegen Bareinlage ist kein steuerbarer Umsatz.[337] Auch für die Gesellschafter kann bei Umsatzsteuerpflicht die Kleinunternehmerregelung des § 19 UStG in Anspruch genommen werden.[338]

Der Geschäftsführer der GmbH kann Unternehmer sein, wenn er auf eigene Rechnung, für ein besonderes Entgelt und mit eigener Verantwortung tätig wird.[339] Das Gesamtbild der Verhältnisse ist dabei entscheidend.[340] Der Geschäftsführer der GmbH ist in der Regel gemäß § 2 Abs. 2 S. 1 Nr. 1 UStG nichtselbständig tätig, wenn er den Weisungen des Unternehmens Folge zu leisten hat und ein Arbeitsvertrag geschlossen wird.[341]

Solange keine Organschaft vorliegt, ist die Geschäftsführungstätigkeit der GmbH für die GmbH & Co. KG als selbständig nach § 2 abs. 1 UStG zu betrachten.[342] Somit unterliegt die Vergütung der Umsatzsteuer. Auch die Haftungsvergütung, die die GmbH von der GmbH & Co. KG erhält kann umsatzsteuerpflichtig sein.[343] Die Rechtsprechung sieht die Geschäftsführung, Vertretung und Haftung gegen eine Festvergütung als einheitliche, umsatzsteuerbare und umsatzsteuerpflichtige Leistung an.[344] Ist die Haftungsvergütung jedoch als prozentualer Betrag vom Gewinn vereinbart, liegt kein Entgelt und somit keine der Umsatzsteuer zu unterwerfende Leistung vor, wenn die Vergütung nicht als Aufwand bei der GmbH & Co. KG berücksichtigt wurde.[345]

---

[333] Vgl. Söffing et al. (2013), S. 713 Rn. 3644.

[334] Vgl. Fehrenbacher/Tavakoli (2014), S. 163 Rn. 142.

[335] Vgl. BFH (2002b), 1346.

[336] Vgl. Fehrenbacher/Tavakoli (2014), S. 164 Rn. 143.

[337] Vgl. UStAE, Abschnitt 15.21. Abs. 1 S. 1.

[338] Vgl. Kapitel 4.2.2.

[339] Vgl. UStAE, Abschnitt 2.2 Abs. 2 S. 4; Schreiber (2012), S. 151.

[340] Vgl. UStAE, Abschnitt 2.2. Abs. 1.

[341] Vgl. Söffing et al. (2013), S. 727 Rn. 3704.

[342] Vgl. BMF (2004), 90.

[343] Vgl. UStAE, Abschnitt 1.6 Abs. 6.

[344] Vgl. BFH (2011c), 1029; Fehrenbacher/Tavakoli (2014), S. 66 Rn. 70.

[345] Vgl. Herzing/Courteaux (2011).

4.3.3 Körperschaftsteuer

Während die Kommanditisten als natürliche Personen mit ihren Gewinnen aus der Mitunternehmerschaft der Einkommensteuer unterliegen, hat die GmbH diese der Gewerbe und Körperschaftsteuer zu unterwerfen.[346] Die GmbH ist nach § 1 Abs. 1 Nr. 1 Körperschaftsteuergesetz (KStG) unbeschränkt Körperschaftsteuerpflichtig. Als Bemessungsgrundlage dient bei der Körperschaftsteuer das zu versteuernde Einkommen gemäß § 7 Abs. 1 KStG. Das zu versteuernde Einkommen im Sinne des § 7 Abs. 2 KStG setzt sich zusammen aus dem Einkommen des § 8 Abs. 1 KStG abzüglich der Freibeträge des § 24 KStG und des § 25 KStG. Die Vorschriften des Einkommensteuergesetzes und des Körperschaftsteuergesetzes bestimmen die Ermittlung des Einkommens nach § 8 Abs. 1 S. 1 KStG. Bei der GmbH sind gemäß § 8 Abs. 2 KStG alle Einkünfte, als Einkünfte aus Gewerbebetrieb anzusehen. Die GmbH hat ihren Gewinn nach Betriebsvermögensvergleich im Sinne des § 5 Abs. 1 S. 1 EStG i. V. m. § 4 Abs. 1 EStG zu ermitteln.[347] Grundlage für die steuerliche Gewinnermittlung ist auch bei der GmbH die Handelsbilanz.[348] Diese wird nach steuerrechtlichen Vorschriften korrigiert.[349] Weiterhin sind spezielle Vorschriften nach dem KStG zu beachten.[350] Verdeckte Gewinnausschüttungen dürfen nach § 8 Abs. 3 S. 2 u. S. 3 KStG das Einkommen nicht mindern und verdeckte Einlagen dieses nicht erhöhen. Diese Vorschrift beruht auf dem strikten Trennungsprinzip zwischen Gesellschaft und Gesellschafterebene bei Kapitalgesellschaften.[351]

Verdeckte Gewinnausschüttungen liegen vor bei Vorteilen der Gesellschafter oder diesen nahe stehende Personen, die aufgrund des Gesellschaftsverhältnisses und nicht aufgrund der betrieblichen Tätigkeit zugewendet werden.[352] Das sind jegliche Minderungen oder verhinderte Mehrungen des Vermögens der Gesellschaft, die Einfluss auf die Höhe des Einkommens haben und die aufgrund des Gesellschaftsverhältnisses erfolgen aber nicht auf einem Gewinnverteilungsbeschluss beruhen.[353] Eine einmal erfolgte verdeckte Gewinnausschüttung kann gemäß H 37 KStH meist nicht mehr rückgängig gemacht werden. Beispielsweise führen überhöhte Darlehenszinsen, die ein Gesellschafter für die Hingabe eines Darlehens an die Gesellschaft erhält, zu verdeckten Gewinnausschüttungen.[354]

Die Einnahmen der Komplementär-GmbH sind von den Vergütungen der GmbH & Co. KG abhängig.[355] Eine unangemessen niedrige Vergütung führt daher zu einer verdeckten Gewinn-

---

[346] Vgl. Kapitel 4.3.1; Kapitel 4.3.

[347] Vgl. Birle/Diehl (2007), S. 539 Rn. 2048.

[348] Vgl. Birle/Diehl (2007), S. 542 Rn. 2055.

[349] Vgl. Birle/Diehl (2007), S. 542 Rn. 2056-2057.

[350] Vgl. Fehrenbacher/Tavakoli (2014), S. 319.

[351] Vgl. Gummert et al. (2015), § 1 Rn. 190-191.

[352] Vgl. Fehrenbacher/Tavakoli (2014), S. 144-145 Rn. 95.

[353] Vgl. BFH (1989), 475-477.

[354] Vgl. Dinkelbach (2015), S. 372.

[355] Vgl. Söffing et al. (2013), S. 72-73 Rn. 414.

ausschüttung in Höhe der Differenz zwischen dem angemessenen und vereinbarten Anteil.[356] Bei allen Verträgen der GmbH ist aus diesem Grund auf Fremdüblichkeit zu achten.[357] Ist die Vergütung unangemessen hoch liegt gemäß § 8 Abs. 3 S. 3 KStG eine verdeckte Einlage vor, die in eine Rücklage einzustellen ist, welche die Gewinnanteile der Gesellschafter entsprechend erhöht. Eine verdeckte Einlage liegt gemäß R 40 Abs. 1 KStR vor, wenn es an einer angemessenen Gegenleistung für übertragenes Vermögen von einem Gesellschafter fehlt. Der Vorteil mehrt dabei das Vermögen oder mindert die Schulden der Gesellschaft.[358] Grundsätzlich ist eine verdeckte Einlage erfolgsneutral und erhöht das steuerliche Eigenkapital im Sinne des § 27 KStG.[359] Das Einkommen wird durch außerbilanzielle Korrekturen auf die Höhe angepasst, die es bei marktüblichen Entgelten hätte.[360] Die Körperschaftsteuer beträgt gemäß § 23 KStG 15 Prozent des zu versteuernden Einkommens. Weiterhin wird zusätzlich ein Solidaritätszuschlag von 5,5 Prozent der Körperschaftsteuer abgeführt.[361] Insgesamt unterliegen also 15,83 Prozent des Gewinns der Körperschaftsteuerbelastung.[362] Wirtschaftlich gesehen wird der Gewinn doppelt belastet, da bei einer Ausschüttung zusätzlich noch Kapitalertragsteuer anfällt.[363]

4.3.4 Gewerbesteuer

Die Komplementär-GmbH unterliegt als Gewerbebetrieb kraft Rechtsform nach § 2 Abs. 2 S. 1 GewStG zusätzlich noch der Gewerbesteuer. Die Berechnung der Gewerbesteuer folgt dem in Kapitel 4.2.4 dargestellten Ablauf. Die Grundlage bildet auch bei der GmbH nach § 7 Abs. 1 GewStG der einkommens- bzw. körperschaftsteuerliche Gewinn. Im Rahmen der Kürzungen wird nach § 9 Nr. 2 GewStG der bereits bei der GmbH & Co. KG versteuerte Gewinn der GmbH abgezogen. Außerdem ist nach § 8 Nr. 8 GewStG ein Verlust aus der Beteiligung an der GmbH & Co. KG wieder hinzuzurechnen. Somit ergibt sich bei der GmbH regelmäßig kein Gewerbeertrag, wenn sie nur als Komplementär tätig ist.[364] Da es sich bei der GmbH um eine Kapitalgesellschaft handelt, ist kein Freibetrag nach § 11 Abs. 1 Nr. 1 GewStG vom Gewerbeertrag abzuziehen. Die Gemeinden erheben aufgrund des § 16 Abs. 1 GewStG die Gewerbesteuer unter Berücksichtigung ihres individuellen Hebesatzes.

---

[356] Vgl. BFH (1990), 795.

[357] Vgl. BFH (1968a), 152.

[358] Vgl. Birle/Diehl (2007), S. 563 Rn. 2130.

[359] Vgl. Birle/Diehl (2007), S. 572-573 Rn. 2161.

[360] Vgl. Kraft (2014), S. 84.

[361] Vgl. Schreiber (2012), S. 90.

[362] Vgl. Kübler et al. (2013), S. 56.

[363] Vgl. Schreiber (2012), S. 77-78.

[364] Vgl. Wagner/Rux (2013), S. 345 Rn. 544.

4.3.5 Kapitalertragsteuer

In dem Ergebnisverwendungsbeschluss der GmbH kann vereinbart werden, dass die Gewinne nach Abzug der Körperschafts- und Gewerbesteuer ausgeschüttet werden sollen.[365] Wenn die Gewinne der Komplementär-GmbH ausgeschüttet werden, fällt Kapitalertragsteuer an[366] und zwar gemäß § 44 Abs. 2 EStG zum Zeitpunkt der Ausschüttung.

Die Kapitalertragsteuer in Höhe von 25 Prozent, der Solidaritätszuschlag und ggf. die Kirchensteuer werden von der GmbH einbehalten und für die Gesellschafter unabhängig davon, ob die Beteiligung zum Privat oder Betriebsvermögen der Gesellschafter gehört, abgeführt.[367] Grundsätzlich sollen die Steuerpflichtigen nämlich rechtlich und tatsächlich gleich belastet werden.[368] Die Gesellschafter erhalten nur die Bardividende ausgezahlt.[369]

Sind die Anteile an der GmbH nicht im Sonderbetriebsvermögen der Gesellschafter, haben diese somit Einkünfte aus Kapitalvermögen i. S. d. § 20 Abs. 1 Nr. 1 EStG in Höhe der Dividende vor Kapitalertragsteuerabzug.[370] Die Kapitalertragsteuer bemisst sich in diesem Fall nach § 32d Abs. 1 EStG.[371] Die Einkommensteuer auf diese Kapitalerträge ist hierbei mit Abzug der Kapitalertragsteuer grundsätzlich abgegolten.[372] Bei Kapitalerträgen ist laut § 20 Abs. 9 EStG kein Werbungskostenabzug möglich. Lediglich ein Sparer-Pauschbetrag in Höhe von EUR 801 darf aufgrund des § 20 Abs. 9 EStG die Einnahmen mindern. Im Rahmen der Einkommensteuerveranlagung kann eine Günstigerprüfung beantragt werden.[373] Dabei wird nach § 32d Abs. 6 EStG die Einkommensteuerbelastung unter Einbeziehung der Kapitaleinkünfte mit der ohne Berücksichtigung der Kapitalerträge verglichen. Ist diese Differenz geringer als die Kapitalertragsteuer, so werden die Kapitaleinkünfte in der Einkommensteuerveranlagung mitversteuert.[374] Auch wenn die Kapitalerträge nun der Einkommensteuer unterworfen werden, wird ein Werbungskostenabzug weiterhin ausgeschlossen.[375] Auf die sich ergebende Einkommensteuer wird die Abgeltungsteuer dann wie eine Vorauszahlung angerechnet.[376] Ist der Gesellschafter aber gemäß § 32d Abs. 2 Nr. 3 EStG zu mehr als 25 Prozent oder zu mindestens einem Prozent an der GmbH beteiligt und wird beruflich für diese tätig, kann dieser auch die

---

[365] Vgl. Baumbach et al. (2013), § 29 Rn. 38.

[366] Vgl. Kraft (2014), S. 248.

[367] Vgl. Schmidt-Leithoff et al. (2013), Einleitung Rn. 114.

[368] Vgl. BVerfG (1991), 971.

[369] Vgl. ebda.

[370] Vgl. Kraft (2014), S. 248.

[371] Vgl. ebda.

[372] Vgl. Paukstadt/Kerpf (2010), S. 683.

[373] Vgl. Paukstadt/Kerpf (2010), S. 682.

[374] Vgl. § 32d Abs. 6 S. 1 EStG.

[375] Vgl. BFH (2015a), S. 635.

[376] Vgl. Schreiber (2012), S. 70.

Besteuerung nach dem Teileinkünfteverfahren wählen. Auf einen maßgeblichen Einfluss auf die Gesellschaft kommt es dabei nicht an.[377]

Gehören die Kapitalerträge wie im vorliegenden Fall jedoch zum Betriebsvermögen unterliegen sie dem Teileinkünfteverfahren.[378] Die Abgeltungsteuer gemäß § 32d Abs. 1 S. 1 EStG gilt nicht für Einkünfte aus Gewerbebetrieb. Der Abzug der Kapitalertragsteuer bei der Ausschüttung ergibt sich nach § 43 Abs. 1 S. 3 EStG, jedoch hat dieser keine abgeltende Wirkung. Die Erträge sind gemäß § 20 Abs. 8 EStG den Einkünften aus Gewerbebetrieb zuzurechnen. Womit nach § 3 Nr. 40 Bst. d EStG 40 Prozent der Ausschüttung steuerfrei sind. Ausgaben, die im Zusammenhang mit den Erträgen stehen, werden nach § 3c Abs. 2 EStG zumindest zu 60 Prozent abgezogen. Diese Einkünfte gehören zum Sonderbetriebsvermögen der Gesellschafter bei der GmbH & Co. KG und werden im Rahmen der Einkommensteuererklärungen als Einkünfte aus Gewerbebetrieb mitberücksichtigt.[379]

Wie nachfolgend veranschaulicht ergibt sich effektiv eine etwas höhere Steuerbelastung bei dem Teileinkünfteverfahren,[380] als bei der Belastung durch Abgeltungsteuer. Die Abgeltungsteuer beträgt 26,38 Prozent der Dividende, während nach dem Teileinkünfteverfahren 26,59 Prozent der Dividende als Steuern abzuführen sind. Jedoch können beim Teileinkünfteverfahren etwaige Werbungskosten laut § 3c Abs. 2 S. 1 EStG noch zu 60 Prozent von dem steuerpflichtigen Teil der Dividende abgezogen werden und reduzieren somit die anfallende Steuer. Außerdem ist der Einkommensteuersatz gemäß § 32a Abs. 1 EStG abhängig vom Einkommen und könnte sich somit zugunsten des Teileinkünfteverfahrens auswirken.

Abgeltungsteuer		Teileinkünfteverfahren	
Dividende	100,00 %	Dividende steuerpflichtig	60,00 %
Abzgl. Abgeltungssteuer (25 % der Dividende)	25,00 %	Abzgl. Einkommensteuer (42 % der Dividende)	25,20 %
Abzgl. Solidaritätszuschlag (5,5 % der Abgeltungssteuer)	1,38 %	Abzgl. Solidaritätszuschlag (5,5 % der Einkommensteuer)	1,39 %
= Dividende nach Steuern	73,62 %	= Dividende nach Steuern	73,41 %
Steuerbelastung	26,38 %	Steuerbelastung	26,59 %

Tabelle 2: Vergleich der Abgeltungsteuer mit dem Teileinkünfteverfahren[381]

---

[377] Vgl. BFH (2015b), 2278.

[378] Vgl. Schreiber (2012), S. 254

[379] Vgl. Wagner/Rux (2013), S. 327 Rn. 526.

[380] Vgl. im Folgenden Kübler et al. (2013), S. 59.

[381] Eigene Darstellung: In Anlehnung an Kübler et al. (2013), S. 59.

4.4 Übertragung und Überführung von Wirtschaftsgütern

Die Einbringung von Wirtschaftsgütern aus einem Betriebsvermögen wird als Übertragung bezeichnet. Um eine Überführung handelt es sich, wenn die Wirtschaftsgüter aus dem Privatvermögen stammen.

Bringt ein Mitunternehmer ein Wirtschaftsgut aus seinem Betriebsvermögen in ein anderes seiner Betriebsvermögen ein, ist gemäß § 6 Abs 5 S. 3 EStG zwingend der Buchwert für das Wirtschaftsgut fortzuführen. Die Buchwertfortführung gilt auch, wenn es sich um sein Sonderbetriebsvermögen handelt oder er das Wirtschaftsgut in die Gesamthandsbilanz einlegt.[382] Durch die Buchwertfortführung werden die stillen Reserven nicht aufgedeckt.[383] Wird das Wirtschaftsgut aber innerhalb einer Sperrfrist von 3 Jahren nach Abgabe der Steuererklärung wieder veräußert oder entnommen, muss gemäß § 6 Abs. 5 S. 4 EStG rückwirkend der Teilwert angesetzt werden. Bei einer Übertragung in die Gesamthandsbilanz haben somit alle Gesellschafter die stillen Reserven anteilig zu versteuern.[384] Der Gesellschafter könnte das Wirtschaftsgut jedoch auch zum Teilwert in die Gesamthandsbilanz einlegen.[385] Aufgrund des höheren Wertes für das Wirtschaftsgut erhält der Gesellschafter auch ein höheres Kapitalkonto.[386] Damit dem Buchwertansatz für den Gesellschafter genüge getan ist, muss für ihn eine negative Ergänzungsbilanz mit einem Minderwert[387] in Höhe der Differenz zwischen Teilwert und Buchwert des Wirtschaftsguts aufgestellt werden.[388] Wird das Wirtschaftsgut in der Gesamthandsbilanz gewinnmindernd abgeschrieben, wird dementsprechend der Minderwert jährlich gewinnerhöhend abgeschrieben.[389] Bei Veräußerung oder Entnahme ist der Minderwert in der Ergänzungsbilanz gewinnerhöhend aufzulösen und somit nur von dem Gesellschafter zu versteuern, der das Wirtschaftsgut eingelegt hat.[390]

Bringt der Gesellschafter ein Wirtschaftsgut aus seinem Privatvermögen ein und erhält er dafür Gesellschaftsrechte, ist dieses laut § 6 Abs. 6 EStG mit dem gemeinen Wert anzusetzen. Eine Gutschrift auf dem variablen Kapitalkonto beinhaltet keine Gesellschafterrechte, wenn die Beteiligung am Vermögen oder am Gewinn nicht danach bemessen wird.[391] Weiterhin ist ein wichtiges Indiz für Gesellschaftsrechte, ob Verluste auf diesem Konto berücksichtigt werden.[392]

---

[382] Vgl. Söffing et al. (2013), S. 257 Rn. 1277-1278.

[383] Vgl. Söffing et al. (2013), S. 261 Rn. 1288-1289.

[384] Vgl. Reichert et al. (2015), § 5 Rn. 118.

[385] Vgl. Mueller-Thuns et al. (2009), S. 1010 Rn. 343.

[386] Vgl. Mueller-Thuns et al. (2009), S. 999 Rn. 314.

[387] Vgl. Söffing et al. (2013), S. 360 Rn. 1786-1787.

[388] Vgl. Mueller Thuns et al. (2009), S. 1010 Rn. 343.

[389] Vgl. Weipert et al. (2014), § 65 Rn. 30.

[390] Vgl. Reichert et al. (2015), § 5 R. 119.

[391] Vgl. BFH (2016), 263.

[392] Vgl. ebda.

Werden keine Gesellschaftsrechte übertragen, handelt es sich um eine verdeckte Einlage, die gemäß § 6 Abs. 1 Nr. 5 EStG zum Teilwert übertragen wird.[393]

4.5 Gesellschafterwechsel

Nachstehend soll lediglich der Gesellschafterwechsel der Kommanditisten verdeutlicht werden, da die Komplementär-GmbH für die Rechtsform der GmbH & Co. KG zwingend notwendig ist.[394] Dabei wird zunächst der Eintritt in die Mitunternehmerschaft betrachtet. Außerdem wird im Folgenden auch die Veräußerung des Anteils und der Austritt eines Gesellschafters behandelt. Danach soll Bezug auf eine mögliche unentgeltliche Übertragung genommen werden. Abschließend werden Möglichkeiten zur Übergabe des Mitunternehmerteils im Rahmen der vorweggenommenen Erbfolge aufgezeigt.

4.5.1 Eintritt in die Mitunternehmerschaft

Tritt ein neuer Gesellschafter in die GmbH & Co. KG ein, ist es für diesen steuerrechtlich irrelevant, ob er den Kaufpreis für die Beteiligung zur Begründung einer neuen, zusätzlichen Beteiligung oder an den Altgesellschafter für den Verkauf seiner Beteiligung zahlt.[395] Aufgrund der steuerrechtlichen Substanzwertbetrachtung[396] wird ein Kauf der anteiligen Vermögensgegenstände der Gesellschaft unterstellt. Da der Kaufpreis das Kapitalkonto zumeist aufgrund von stillen Reserven übersteigt, ist vom neuen Gesellschafter eine Ergänzungsbilanz mit den Mehrwerten aufzustellen. Die Mehrwerte in der Ergänzungsbilanz sind über die üblichen Nutzungsdauern abzuschreiben. In den stillen Reserven kann auch ein Firmenwert enthalten sein. Dieser darf, da er entgeltlich erworben ist, in der Ergänzungsbilanz aktiviert werden und wird über eine Laufzeit von 15 Jahren abgeschrieben.[397] Ist der Kaufpreis jedoch geringer als das Kapitalkonto, hat der Käufer eine negative Ergänzungsbilanz mit den Minderwerten aufzustellen. Dabei ist zu beachten, dass ein Firmenwert nicht negativ sein kann.

Der Eintritt eines Gesellschafters in eine bestehende Gesellschaft erfolgt gegen eine Geld- oder Sacheinlage.[398] Steuerrechtlich wird unterstellt, dass durch den Eintritt eine neue Gesellschaft entsteht.[399] Altgesellschafter können in diesem Fall nach § 24 UmwStG ihre Anteile zum Buchwert, Teilwert oder Zwischenwert in die neue Gesellschaft einbringen.

Die positive Differenz aus dem Wert der Einlage und dem Beteiligungswert[400] wird bei dem Zwischenwertansatz in eine Rücklage in der Gesamthandsbilanz eingestellt. Die stillen Reserven in Höhe dieser Rücklage werden auf die betreffenden Wirtschaftsgüter umgelegt. Zusätzlich

---

[393] Vgl. ebda.

[394] Vgl. Mueller-Thuns et al. (2009), S. 1 Rn. 4.

[395] Vgl. Reichert et al. (2015), § 33 Rn. 63.

[396] Vgl. im Folgenden Reichert et al. (2015), § 33 Rn. 64-72.

[397] Vgl. im Folgenden Reichert et al. (2015), § 33 Rn. 64-72.

[398] Vgl. Wagner/Rux (2013), S. 403 Rn. 645.

[399] Vgl. ebda.

[400] Vgl. im Folgenden Reichert et al. (2015), § 33 Rn. 72.

wird die Rücklage bei einem Zwischenwertansatz anteilig nach Kapitalkonten auf die Gesellschafter verteilt. Sollen dabei keine stillen Reserven nach § 24 UmwStG realisiert werden, können die Altgesellschafter negative Ergänzungsbilanzen aufstellen, um wieder zu einem Buchwertansatz zu gelangen. Anstatt den Gewinn sofort als laufenden Gewinn zu versteuern, führen die Minderwerte erst bei Abschreibung zu Gewinnen.

Legen die Altgesellschafter ihre Anteile zum Teilwert ein,[401] erhält jeder Gesellschafter ein höheres Kapitalkonto in der Gesamthandsbilanz. Bei dem Gewinn, der auf die stillen Reserven der Anteile der Altgesellschafter entfällt, handelt es sich um laufenden Gewinn. Bei Aufdeckung aller stillen Reserven haben die Altgesellschafter nach § 16 Abs. 4 EStG und § 34 EStG einen steuerbegünstigten Veräußerungsgewinn, in dem Verhältnis in dem sie stille Reserven an den Neugesellschafter verkauft haben.

4.5.2 Veräußerung des Mitunternehmeranteils gegen Entgelt

Auch für den ausscheidenden Gesellschafter ergibt sich steuerrechtlich kein Unterschied, ob er seinen Kommanditanteil veräußert oder aus der Gesellschaft ausscheidet.[402] Scheidet ein Gesellschafter aus der Gesellschaft aus, so hat er einen Anspruch gegen die Gesellschaft auf eine Abfindung in Höhe seiner Beteiligung am Gesellschaftsvermögen.[403] Der Anteil am Geschäftsvermögen wächst gemäß § 738 BGB den anderen Gesellschaftern zu. Die verbleibenden Gesellschafter können die durch den Verkauf aufgedeckten stillen Reserven bei den jeweiligen Wirtschaftsgütern in der Gesamthandsbilanz aktivieren.[404]

Wird der Anteil veräußert ergeben sich in der Gesamthandsbilanz keine Auswirkungen.[405] Der neue Gesellschafter übernimmt das Kapitalkonto des austretenden Gesellschafters und aktiviert die Mehrwerte aufgrund des Ansatzes zu Anschaffungskosten in einer Ergänzungsbilanz.[406] Der Veräußerungsgewinn errechnet sich laut § 16 Abs. 2 EStG durch Abzug der Veräußerungskosten und der Werte der steuerlichen Kapitalkonten in der Gesamthands- und Ergänzungsbilanz sowie ggf. der Sonderbilanz von der Abfindung oder dem Veräußerungswert.[407] Der Gewinn kann als Veräußerungsgewinn nach § 34 EStG u. § 16 Abs. 4 EStG ermäßigt besteuert werden. Die Begünstigung unterliegt aber den Bedingungen, dass der Verkäufer die Tätigkeit einstellt und alle stillen Reserven aufgedeckt werden.[408]

Wird vertraglich geregelt, dass die Beteiligungsverhältnisse an GmbH und GmbH & Co. KG identisch bleiben, ist auch der Anteil an der Komplementär-GmbH mit zu übertragen.[409] Gemäß

---

[401] Vgl. im Folgenden Söffing et al. (2013), S. 615-616 Rn. 3112-3115.

[402] Vgl. Reichert et al. (2015), § 33 Rn. 5.

[403] Vgl. Mueller-Thuns et al. (2009), S. 753 Rn. 194; Wagner/Rux (2013), S. 374 Rn. 592.

[404] Vgl. Söffing et al. (2013), S. 603 Rn. 3058.

[405] Vgl. Söffing et al. (2013), S. 587-588 Rn. 2980-2984.

[406] Vgl. ebda.

[407] Vgl. Reichert et al. (2015), § 33 Rn. 6.

[408] Vgl. im Folgenden Schulze zur Wiesche (2015), S. 2655-2657.

[409] Vgl. Fehrenbacher/Tavakoli (2014), S. 174 Rn. 19.

§ 3 Nr. 40 S. 1 Bst. b EStG sind 40 Prozent des Gewinns steuerfrei, soweit er auf die Veräußerung des Anteils an der GmbH entfällt.[410] Veräußert er ausschließlich den Anteil an der Komplementär-GmbH aus dem Sonderbetriebsvermögen der GmbH & Co. KG, handelt es sich um laufenden Gewinn aus Gewerbebetrieb nach § 15 EStG.[411]

4.5.3 Unentgeltliche Übertragung

Erhält der Gesellschafter eine Kommanditbeteiligung oder einen Anteil der Beteiligung unentgeltlich sind nach § 6 Abs. 3 EStG die Buchwerte anzusetzen. Auch für die mitübertragenen GmbH Anteile im Sonderbetriebsvermögen gilt die Buchwertfortführung.[412] Bei dem ausscheidenden und den verbleibenden Kommanditisten werden aufgrund des Buchwertansatzes keine steuerpflichtigen Gewinne durch Aufdeckung von stillen Reserven realisiert. Der neu eingetretene Kommanditist hat die Buchwerte fortzuführen.[413] Eine Übertragung nach § 6 Abs. 3 EStG zum Buchwert ist nicht möglich, wenn funktional wesentliches Sonderbetriebsvermögen entnommen oder übertragen wird.[414] Die enthaltenen stillen Reserven müssen dann als laufender Gewinn versteuert werden.[415] Dementgegen hat der Bundesfinanzhof entschieden, dass eine Übertragung von funktional wesentlichem Sonderbetriebsvermögen zum Buchwert möglich ist.[416] Wird nur in geringem Umfang wesentliches Sonderbetriebsvermögen übertragen, stimmt auch das Bundesministerium der Finanzen einer Übertragung nach § 6 Abs. 3 S. 2 EStG zum Buchwert zu.[417]

Die unentgeltliche Übertragung des GmbH Anteils unterliegt nicht der Einkommensteuer, da § 17 EStG nur eine entgeltliche Übertragung erfasst. Es handelt sich dabei um eine reine Schenkung im Sinne des ErbStG. Bei einer Übertragung an Arbeitnehmer kann es sich dementgegen um Arbeitslohn und somit keine Schenkung handeln.[418]

4.5.4 Vorweggenommene Erbfolge

Vorweggenommene Erbfolge bezeichnet die Übergabe des Vermögens an den Erben noch zu Lebzeiten.[419] Diese unentgeltliche Übertragung ist gemäß § 7 Abs. 1 Nr. 1 ErbStG eine Schenkung unter Lebenden. Nach § 1 Abs. 1 Nr. 2 ErbStG handelt es sich dabei um einen steuerpflichtigen Vorgang. Der Steuerschuldner ist in erster Linie der Begünstigte nach § 20 Abs. 1 ErbStG. Die Bewertung erfolgt unabhängig von der Rechtsform zum gemeinen Wert.[420]

---

[410] Vgl. Fehrenbacher/Tavakoli (2014), S. 195 Rn 66.

[411] Vgl. BFH (1991b), 510.

[412] Vgl. Wagner/Rux (2013), S. 421 Rn. 663.

[413] Vgl. BFH (1995), 770.

[414] Vgl. BMF (2005), 458.

[415] Vgl. BFH (2011a), 261.

[416] Vgl. BFH (2012), 2118.

[417] Vgl. BFH (2012), 2118.

[418] Vgl. BFH (2014a), 904; BFH (2014b), 864.

[419] Vgl. BMF (1993a), 80 Tz. 1.

[420] Vgl. Gummert et al. (2014), § 39 Rn. 114.

Bei dem gemeinen Wert handelt es sich um den bei einem Verkauf erzielbaren Betrag.[421] Begründet auf § 13b Abs. 1 Nr. 2 ErbStG ist die Schenkung von Mitunternehmeranteilen begünstigt. Zu beachten ist aber, dass § 13b Abs. 2 ErbStG die Begünstigungen aufhebt, wenn mehr als die Hälfte des Vermögens zu dem in § 13b Abs. 2 ErbStG benannten Verwaltungs-vermögen gehört.[422] Voraussetzung für die Begünstigung ist die Erfüllung eines Lohnsummen-erfordernisses nach § 13a Abs. 1 S. 2 u. Abs. 4 ErbStG sowie eine Frist von fünf Jahren, in welcher der Betrieb weitergeführt werden muss.[423] Die Lohnsummenerfordernis schreibt vor, dass die kumulierte Lohnsumme innerhalb von fünf Jahren mindestens 400 Prozent der Ausgangslohnsumme betragen muss. Zusätzlich sollte auch die Regelung des § 13a Abs. 5 Nr. 3 ErbStG zur Überentnahme beachtet werden. Aufgrund des § 13b Abs. 1 Nr. 3 ErbStG sind auch die Anteile an einer Kapitalgesellschaft begünstigt, wenn der Schenker zu mehr als 25 Prozent am Nennkapital beteiligt war. Gehören die Anteile an der Komplementär-GmbH zum Sonderbe-triebsvermögen und werden sie mit den Kommanditanteilen übertragen, unterliegen die Anteile insgesamt der Begünstigung.[424] Gemäß § 13a Abs. 1 sind aufgrund der Regelverschonung 85 Prozent des Vermögens steuerfrei.[425] Weiterhin sieht der § 13a Abs. 2 ErbStG einen Abzugsbe-trag i. H. v. EUR 150.000 für das nicht begünstigte Vermögen vor. Die Hälfte des EUR 150.000 übersteigenden nicht begünstigten Vermögenswertes mindert diesen Abzugsbetrag.[426] Auf Antrag kann aber auch eine Optionsverschonung nach § 13a Abs. 8 in Anspruch genommen werden. Wenn die Lohnsummen innerhalb von sieben Jahren durchschnittlich nicht sinken, der Betrieb in dieser Zeit nach § 13a Abs. 5 Nr. 1 ErbStG behalten wird und das Verwaltungsver-mögen des § 13b Abs. 2 ErbStG weniger als 10 Prozent ausmacht, wird dabei das gesamte Vermögen verschont.[427] Der § 16 ErbStG sieht Freibeträge für Schenkungen an Kinder in Höhe von EUR 400.000 vor. Die Schenkungssteuer wird bei Kindern gemäß § 15 Abs. 1 ErbStG mit der Steuerklasse I nach dem § 19 ErbStG erhoben.

An dieser Stelle muss aber erwähnt werden, dass Mitte 2016 ein Gesetz zur Reform der Erbschaftsteuer und somit auch zur Schenkungsteuer in Kraft treten soll.[428] Der Gesetzesent-wurf sieht dabei nur noch eine Verschonung des betriebsnotwendigen Vermögens vor, welches nach einer recht komplizierten, gesetzlichen Ermittlung vom restlichen Vermögen abgegrenzt

---

[421] Vgl. Piekenbrock/Hasenbalg (2014), S. 223.

[422] Vgl. Gummert et al. (2014), § 39 Rn. 118.

[423] Vgl. Söffing et al. (2013), S. 761 Rn. 3859; Söffing et al. (2013), S. 769 Rn. 3891.

[424] Vgl. Mueller-Thuns et al. (2009), S. 721 Rn. 80.

[425] Vgl. Gummert et al. (2014), § 39 Rn. 120.

[426] Vgl. Söffing et al. (2013), S. 774-775 Rn. 3924.

[427] Vgl. Gummert et al. (2014), § 39 Rn. 121.

[428] Vgl. Kischisch/Maiterth (2015), S. 2033-2040.

wird.[429] Die Verschonungsgrenzen bei Verwaltungsvermögen fallen nach diesem Gesetzesentwurf weg.[430]

Die Schenkung von Anteilen an einer Personengesellschaft i. S. d. § 7 Abs. 5 ErbStG bedingt die zwingende Buchwertfortführung durch den Beschenkten gemäß § 6 Abs. 3 EStG.[431] Dadurch fallen für den Schenker keine einkommensteuerrechtlichen Gewinne an. Der Übertragende hat seine Tätigkeit auch bei ruhendem Gewerbebetrieb einzustellen und alle funktional wesentlichen Betriebsgrundlagen mit zu übertragen.[432]

Im Rahmen der vorweggenommenen Erbfolge kann eine unentgeltliche Übertragung gegen Versorgungsleistungen i. S. d. § 6 Abs. 3 i. V. m. § 10 Abs. 1a Nr. 2 EStG erfolgen.[433] Ist der Barwert der Rentenleistung kleiner als der Wert der übertragenen Anteile, kann der Mitunternehmeranteil einer nach § 15 Abs. 1 S. 1 EStG gewerblich tätigen GmbH & Co. KG und unter Umständen auch der GmbH-Anteil unentgeltlich übertragen werden.[434] Voraussetzungen sind in diesem Fall, dass die Leistungen auf Lebenszeit erfolgen, das Versorgungsbedürfnis des Übertragenden im Vordergrund steht[435] und die Beteiligung ausreichend Einnahmen erbringt.[436] Außerdem muss der Empfänger der Versorgungsleistung nach § 10 Abs. 1a Nr. 2 EStG unbeschränkt einkommensteuerpflichtig sein. Weiterhin muss ein Versorgungsvertrag abgeschlossen und auch durchgeführt werden.[437] In diesem Fall sind die Versorgungszahlungen beim Leistenden als Sonderausgaben im Rahmen der Einkommensteuerermittlung zu berücksichtigen.[438] Der Versorgungsempfänger hat in gleicher Höhe die Versorgungseinnahmen als sonstige Einkünfte vollständig der Besteuerung zu unterwerfen.[439]

4.6 Vergleich der Steuerbelastung mit der GmbH und der OHG

Nachfolgend soll an beispielhaften und stark vereinfachten Steuerberechnungen für eine GmbH & Co. KG, eine Komplementär-GmbH, eine GmbH sowie eine OHG die unterschiedliche Besteuerung veranschaulicht werden.

An allen Gesellschaften sind zwei Gesellschafter zu gleichen Teilen beteiligt.[440] Der Handelsbilanzgewinn entspricht dem Steuerbilanzgewinn in Höhe von EUR 200.000. Die Gesellschafter erhalten jeweils eine fremdübliche Vergütung i. H. v. EUR 60.000 für die Geschäftsführungstä-

---

[429] Vgl. ebda.

[430] Vgl. ebda.

[431] Vgl. BFH (2012), 2118.

[432] Vgl. Lederle/Wanner (2015), S. 2270 ff.; FG (2015), 1095.

[433] Vgl. Fehrenbacher/Tavakoli (2014), S. 200 Rn. 73.

[434] Vgl. Fehrenbacher/Tavakoli (2014), S. 200 Rn. 73; Froning et al. (2005), § 55 Rn. 35.

[435] Vgl. Froning et al. (2005), § 55 Rn. 47-50a.

[436] Vgl. Froning et al. (2005), § 55 Rn. 38.

[437] Vgl. Froning et al. (2005), § 55 Rn. 39-41.

[438] Vgl. Froning et al. (2005), § 55 Rn. 107.

[439] Vgl. ebda.

[440] Vgl. im Folgenden Schreiber (2012), S. 307-323.

tigkeit. Die GmbH erhält Sondervergütungen in Höhe von EUR 2.000 für die Übernahme der Haftung. Weitere Kosten der GmbH wie Jahresabschlusskosten und Ähnliches werden, wie auch etwaige Umsatzsteuer, im Beispiel nicht berücksichtigt. Die Kapitalertragsteuer wird zur besseren Darstellung bereits zum Jahresende erfasst, obwohl sie gesetzlich erst bei Ausschüttung des Gewinns einzubeziehen wäre.[441] Des Weiteren werden bei der Berechnung der Einkommensteuer Sachverhalte, die unabhängig von den Beteiligungen sind, wie beispielsweise weitere Einkünfte, Sonderausgaben, außergewöhnliche Belastungen, haushaltsnahe Dienstleistungen, Ehegatten und Kinder zu Gunsten der Übersichtlichkeit weggelassen. Als Gewerbesteuererhebesatz wird der durchschnittliche deutsche Hebesatz von 2014 verwendet, aber auf 400 Prozent aufgerundet.[442] Alle Angaben lauten in EUR.

Nachfolgend wird zunächst die Körperschaftssteuerbelastung der Kapitalgesellschaften abgebildet. Die Körperschaftsteuer (KöSt) beträgt gemäß § 23 Abs. 1 KStG 15 Prozent des zu versteuernden Einkommens und der Solidaritätszuschlag (SolZ) laut § 4 SolzG 5,5 Prozent der Körperschaftsteuer.

Somit beträgt die körperschaftsteuerliche Belastung des zu versteuernden Einkommens 15,825 Prozent. Bei der Komplementär-GmbH liegt also bei einem zu versteuernden Einkommen von EUR 2.000 eine Steuerbelastung durch Körperschaftsteuer sowie Solidaritätszuschlag in Höhe von EUR 316,50 vor. Die GmbH hat indes EUR 31.650 Körperschaftsteuer inklusive Zuschlägen zu tragen.

Berechnung der Körperschaftsteuer		
	Komplementär-GmbH	GmbH
zu versteuerndes Einkommen (zvE)	2.000,00	200.000,00
KöSt (15 % des zvE)	300,00	30.000,00
Solidaritätszuschlag (5,5 % der KöSt)	16,50	1.650,00

Tabelle 3: Berechnung der Körperschaftsteuer[443]

Sowohl die GmbH & Co. KG selbst,[444] als auch die Komplementär-GmbH unterliegen der Gewerbesteuer (GewSt).[445] Da aber der einzige Gewinn der Komplementär-GmbH bereits bei der GmbH & Co. KG der Gewerbesteuer unterworfen wurde und somit nach § 9 Nr. 2 GewStG abgezogen werden kann, ergibt sich kein Gewerbeertrag und dadurch auch keine Gewerbesteu-

---

[441] Vgl. Schreiber (2012), S. 70.

[442] Vgl. Hammer (2015).

[443] Eigene Darstellung; in Anlehnung an Schreiber (2012), S. 307 ff.

[444] Vgl. Fehrenbacher/Tavakoli (2014), S. 86 Rn. 34.

[445] Vgl. Fehrenbacher/Tavakoli (2014), S. 88 Rn. 41.

er.[446] Bei der GmbH & Co. KG müssen zunächst die Sondergewinne zugerechnet und die Ausschüttung der GmbH nach dem Teileinkünfteverfahren berücksichtigt werden.[447] Nach Abzug der restlichen 60 Prozent der Ausschüttung gemäß § 9 Nr. 2a GewStG und des Freibetrags für Personengesellschaften laut § 11 Abs. 1 Nr. 1 GewStG, ergibt sich ein Gewerbeertrag der nun mit der Steuermesszahl in Höhe von 3,5 Prozent multipliziert wird.[448] Der Steuermessbetrag wird nachfolgend aufgrund von § 16 Abs. 1 GewStG mit dem unterstellten Hebesatz von 400 Prozent multipliziert, was zu einer Zahllast von EUR 41.370 führt.

Als Kapitalgesellschaft unterliegt die GmbH dem Trennungsprinzip, daher können keine Sondervergütungen vorliegen.[449] Die GmbH hat keinen Anspruch auf einen Freibetrag, weil dieser nach § 11 Abs. 1 Nr. 1 GewStG natürlichen Personen und Personengesellschaften vorbehalten bleibt. Somit ergibt sich für die GmbH eine Gewerbesteuer in Höhe von EUR 28.000.

Im Falle der OHG liegt eine Mitunternehmerschaft vor.[450] Dadurch müssen die Sondervergütungen der Gesellschafter hinzugerechnet werden.[451] Als Personengesellschaft nimmt auch die OHG den Freibetrag nach § 11 Abs. 1 Nr. 1 GewStG in Anspruch. Die Gewerbesteuer der OHG ist mit EUR 295.500 genauso hoch wie bei der GmbH & Co. KG. Nachfolgend ist zur Veranschaulichung die Berechnung der Gewebesteuer abgebildet. Dabei ergibt sich eine Belastung des Gewerbeertrags mit 14 Prozent Gewerbesteuer.

---

[446] Vgl. ebda.

[447] Vgl. Fehrenbacher/Tavakoli (2014), S. 87 Rn. 37; Söffing et al. (2013), S. 314 Rn. 1567; Söffing et al. (2013), S. 364 Rn. 1809.

[448] Vgl. Schreiber (2012), S. 106.

[449] Vgl. Birle/Diehl (2007), S. 508-509 Rn. 1897.

[450] Vgl. Schreiber (2012), S. 215.

[451] Vgl. Schreiber (2012), S. 223; Schreiber (2012), S. 96.

Berechnung der Gewerbesteuer				
	GmbH & Co. KG	Komplementär-GmbH	GmbH	OHG
Gewinn vor Steuern	198.000,00	2.000,00	200.000,00	200.000,00
Zzgl. Haftungsvergütung GmbH Sondervergütungen Gesellschafter Ausschüttung der GmbH	2.000,00 120.000,00 1.683,50			120.000,00
Abzgl. 40 % der Ausschüttung, § 3 Nr. 40 EStG	673,40			
= Gewinn aus Gewerbebetrieb	321.010,10			320.000,00
Abzgl. Ausschüttung, § 9 Nr. 2a GewStG	1.010,10			
Abzgl. Sondervergütungen, § 9 Nr. 2 GewStG		2.000,00		
Abzgl. Freibetrag	24.500,00			24.500,00
= Gewerbeertrag	295.500,00	0,00	200.000,00	295.500,00
Steuermessbetrag (3,5 % vom Gewerbeertrag)	10.342,50	0,00	7.000,00	10.342,50
GewSt (400 % vom Steuermessbetrag)	41.370,00	0,00	28.000,00	41.370,00

Tabelle 4: Berechnung der Gewerbesteuer[452]

Die Kapitalertragsteuer (KapSt) haben Kapitalgesellschaften bei Ausschüttung ihrer Gewinne für die Gesellschafter abzuführen.[453] Die Höhe der Ausschüttung wird in dem Ergebnisfeststellungsbeschluss festgelegt.[454] Soll der gesamte Gewinn ausgeschüttet werden, sind vorab die Körperschafts- und Gewerbesteuer sowie der Solidaritätszuschlag abzuziehen, um den ausschüttbaren Betrag zu erhalten.[455] Nach Minderung des Gewinns durch die Steuerbelastungen beträgt die Ausschüttung der Komplementär-GmbH EUR 1.683,50 und die Ausschüttung der

---

[452] Eigene Darstellung; in Anlehnung an Schreiber (2012), S. 307 ff.

[453] Vgl. Schreiber (2012), S. 70.

[454] Vgl. Birle/Diehl (2007), S. 483. Rn. 1775-1776.

[455] Vgl. Kraft (2014), S. 165.

GmbH EUR 140.350. Die Kapitalertragssteuer beträgt 25 Prozent der Ausschüttung und der Solidaritätszuschlag 5,5 Prozent der Kapitalertragsteuer.[456] Somit erhalten die Gesellschafter der Komplementär-GmbH insgesamt EUR 1.239,47 und der GmbH EUR 103.332,69 ausgezahlt.

Berechnung der Kapitalertragsteuer		
	Komplementär-GmbH	GmbH
Ausschüttung (Einkommen abzgl. KöSt, SolZ, GewSt)	1.683,50	140.350,00
Abzgl. KapSt (25 % der Ausschüttung)	420,88	35.087,50
Abzgl. SolZ (5,5 % der KapSt)	23,15	1.929,81
= Nettoausschüttung	1.239,47	103.332,69

Tabelle 5: Berechnung der Kapitalertragsteuer[457]

Steuersubjekte der Einkommensteuer (ESt) sind gemäß § 1 Abs. 1 EStG die Gesellschafter als natürliche Personen. Nachfolgend wird jeweils nur für einen Gesellschafter die Berechnung der Einkommensteuer dargestellt und das Ergebnis in dem Gesamtbelastungsvegleich verdoppelt. Der Gewinn aus Gewerbebetrieb des Gesellschafters der GmbH & Co. KG setzt sich gemäß § 15 Abs. 1 Nr. 2 S. 1 EStG zusammen aus EUR 99.000 Gewinnanteil der GmbH & Co. KG, EUR 60.000 Sondervergütung für die Geschäftsführertätigkeit sowie 60 Prozent der auf ihn entfallenden Ausschüttung in Höhe von EUR 841,75. Gemäß § 35 EStG kann der Gesellschafter eine Ermäßigung der Einkommensteuer in Höhe des 3,8-fachen auf ihn entfallenden Gewerbe-steuermessbetrags in Höhe von EUR 5.171,25 geltend machen. Die Ausschüttung der Komple-mentär-GmbH gehört zu den Einkünften aus Gewerbebetrieb und unterliegt somit dem Teilein-künfteverfahren.[458] Der Gesellschafter kann die bereits abgeführte Kapitalertragssteuer sowie den Solidaritätszuschlag auf die Einkommensteuer als Vorauszahlung anrechnen.[459] Es ergibt sich somit eine Einkommensteuerbelastung inkl. Solidaritätszuschlag in Höhe von insgesamt 40.645,30 Euro.

Durch die Abführung der Kapitalertragssteuer ist der Steuerabzug für die Kapitalerträge bei den Gesellschaftern der GmbH gemäß § 2 Abs. 5b EStG grundsätzlich abgegolten. Auf eine Günstigerprüfung nach § 32d Abs. 6 EStG soll im vorliegenden Beispiel verzichtet werden. Daher haben die Gesellschafter der GmbH nur Einkünfte aus nichtselbständiger Arbeit durch ihre Geschäftsführertätigkeit für die GmbH.[460] Eine Ermäßigung nach § 35 EStG kommt nicht

---

[456] Vgl. Kapitel 4.3.5.

[457] Eigene Darstellung; in Anlehnung an Schreiber (2012), S. 307 ff.

[458] Vgl. Schreiber (2012), S. 254.

[459] Vgl. Schreiber (2012), S. 70.

[460] Vgl. Kraft (2014), S. 247.

in Betracht, da die Gesellschafter keine gewerblichen Einkünfte haben. Der GmbH Gesellschafter hat somit Einkommensteuer und Nebenleistungen in Höhe von insgesamt EUR 17.287,08 zu tragen.

Die gewerblichen Einkünfte der OHG Gesellschafter setzen sich laut § 15 Abs. 1 Nr. 2 EStG zusammen aus ihrem Gewinnanteil in Höhe von jeweils EUR 100.000 und der Sondervergütung für die Geschäftsführung von EUR 60.000. Wie die Gesellschafter der GmbH & Co. KG, erhalten auch die Gesellschafter der OHG gemäß § 35 EStG einen Ermäßigungsbetrag in Höhe des 3,8-fachen Gewerbesteuermessbetrags. Die Einkommensteuerzahllast inkl. Solidaritätszuschlag beträgt für die Gesellschafter der OHG EUR 41.308,64.

Berechnung der Einkommensteuer			
	Gesellschafter der GmbH & Co. KG	Gesellschafter der GmbH	Gesellschafter der OHG
Einkünfte aus Gewerbebetrieb, (Gewinnanteil zzgl. Sondergewinne)	159.505,05		160.000,00
Einkünfte aus nichtselbständiger Arbeit (Einnahmen abzgl. Pauschbetrag § 9a EStG)		59.000	
Einkünfte aus Kapitalvermögen (Einnahmen abzgl. Pauschbetrag § 20 Abs. 9 EStG)			
= zvE	159.505,05	59.000	160.000,00
= ESt (0,42 * zvE - 8394,14) §32 a Abs. 1 S. 2 Nr. 4 EStG	58.597,98	16.385,86	58.805,86
Abzgl. ESt Ermäßigung § 35 EStG (3,8 * Gewerbesteuermessbetrag)	19.650,75		19.650,75
= ESt nach § 35 EStG (ESt abzgl. Ermäßigung)	38.947,23	16.385,86	39.155,11
SolZ (5,5 % der Einkommensteuer)	2.142,10	901,22	2.153,53
Abzgl. KapSt	420,88		
Abzgl. SolZ	23,15		
Zahllast ESt	38.526,35	16.385,86	39.155,11
Zahllast SolZ	2.118,95	901,22	2.153,53

Tabelle 6: Berechnung der Einkommensteuer[461]

---

[461] Eigene Darstellung; in Anlehnung an Schreiber (2012), S. 307 ff.

Die gesamte Steuerbelastung der Unternehmensgewinne ist nachfolgend dargestellt. Sie beträgt für die GmbH & Co. KG EUR 122.660,60 zuzüglich EUR 760,53 die auf die Komplementär-GmbH entfallen. Somit wurden die EUR 321.010,10 Gewinn der Mitunternehmerschaft der GmbH & Co. KG insgesamt mit Steuern in Höhe von EUR 123.421,13 belastet. Die GmbH hat mit einer Gesamtsteuerbelastung von EUR 131.241,47 die höchste Steuerbelastung. Die OHG liegt mit Steuern in Höhe von EUR 123.987,28 nicht weit über der Belastung der GmbH & Co. KG.

Gesamte Steuerbelastung				
	GmbH & Co. KG	Komplementär-GmbH	GmbH	OHG
Gewerbesteuer	41.370,00		28.000,00	41.370,00
Körperschaftsteuer		300,00	30.000,00	
SolZ zur KöSt		16,50	1.650,00	
Kapitalertragsteuer		420,88	35.087,50	
SolZ zur KapSt		23,15	1.929,81	
Einkommensteuer	77.052,70		32.771,72	78.310,22
SolZ zur ESt	4.237,90		1.802,44	4.307,06
Gesamte Steuerbelastung	122.660,60	760,53	131.241,47	123.987,28

Tabelle 7: Gesamte Steuerbelastung[462]

Anhand der dargestellten Steuerberechnung hat die GmbH & Co. KG zwar die geringste Steuerbelastung,[463] dies darf jedoch nicht allgemeingültig betrachtet werden. Eine Erhöhung der Geschäftsführergehälter hätte zum Beispiel zur Folge, dass die GmbH höhere Betriebsausgaben und somit einen geringeren Gewinn hat. Die höheren Gehälter werden dann nur mit Einkommensteuer belastet. Dadurch würde die Steuer der GmbH sinken, während die Steuern der Personengesellschaften aufgrund der Hinzurechnung von Sondervergütungen konstant bleiben. Wäre in dem betrachteten Wirtschaftsjahr ein Verlust statt eines Gewinns erzielt worden, hätte die OHG aufgrund der unbeschränkten Abzugsfähigkeit einen steuerlichen Vorteil. Die GmbH wäre dementsprechend im Nachteil, da die Gesellschafter den Verlust nicht geltend machen können. Eine Gewinnthesaurierung würde die GmbH begünstigen, da somit keine Kapitalertragsteuer mit zugehörigem Solidaritätszuschlag anfällt.

---

[462] Eigene Darstellung; in Anlehnung an Schreiber (2012), S. 307 ff.

[463] Vgl. im Folgenden Schreiber (2012), S. 322-323.

5 Zusammenfassung und Fazit

Die GmbH & Co. KG weist viele Vorteile für mittelständische Unternehmen auf. Während bei der OHG alle Gesellschafter gesamtschuldnerisch und unbeschränkt haften, haften die Kommanditisten der GmbH & Co. KG nur bis zur Höhe ihrer Haftungseinlage. Zu den betriebswirtschaftlichen Vorzügen der GmbH & Co. KG gehört aber weitaus mehr, als nur die Beschränkung der Haftung und somit der Schutz des Privatvermögens der Gesellschafter. Die GmbH & Co. KG überzeugt durch ihre zahlreichen Gestaltungsmöglichkeiten. Bei einer identischen GmbH & Co. KG sowie einer Einheitsgesellschaft können die Kommanditisten das Unternehmen beherrschen und gleichzeitig als Kapitalgeber fungieren. Durch Änderung der Beteiligungsverhältnisse können Gesellschafter aber auch zu reinen Kapitalgebern werden. Die Aufnahme neuer Gesellschafter zur Finanzierung der Gesellschaft ist dementsprechend problemlos möglich. Gleichwohl kann auch die Herrschaft des Unternehmens an ausgewählte Gesellschafter übertragen werden. Im Gegensatz zu einer OHG, ist die Gründung der GmbH & Co. KG bereits mit einer Person möglich. Außerdem ist die Bestellung eines fremden Dritten als Geschäftsführer zulässig.

Benachteiligt ist die GmbH & Co. KG vor allem durch den höheren Aufwand. Um eine GmbH & Co. KG zu gründen, bedarf es immer auch einer GmbH. Dadurch fallen bereits bei der Gründung höhere Kosten an, da beide Gesellschaftsverträge beglaubigt sowie beide Gesellschaften in das Handelsregister eingetragen werden müssen. Auch die Vielseitigkeit der GmbH & Co. KG bedingt Risiken. Die Verträge der Gesellschaften müssen sorgfältig abgestimmt werden, um zu verhindern, dass sich die Beteiligungsstruktur unbeabsichtigt verändert. Dadurch stellt sich die Vertragsgestaltung sowie die Abstimmung der Verträge als sehr komplex dar. Des Weiteren sind jährlich Abschlüsse sowie Steuererklärungen für beide Gesellschaften zu erstellen. Die Jahresabschlüsse sind durch die zwingende Veröffentlichung im Bundesanzeiger für jeden zugänglich. Die GmbH & Co. KG bedarf selbst keiner Mindesteinlage der Gesellschafter. Dennoch muss das Stammkapital für die Komplementär-GmbH aufgebracht werden und steht der GmbH & Co. KG für die operative Tätigkeit nicht zur Verfügung. Weiterhin ist die Aufnahme von Bankkrediten für die GmbH & Co. KG teilweise schwieriger und teurer, als für andere Personengesellschaften.

Inwiefern eine Rechtsform steuerlich begünstigt ist, hängt sehr stark von den individuellen Verhältnissen der Gesellschaft und deren Gesellschaftern ab. Durch die Anrechnung der Gewerbesteuer auf die Einkommensteuer nach § 35 EStG und die Begünstigung der nicht entnommenen Gewinne gemäß § 34a EStG, wurde eine Angleichung der Steuerbelastungen von Beteiligungen an Kapitalgesellschaften und Personengesellschaften erreicht. Im Gegensatz zur GmbH können die Gesellschafter der Personengesellschaften als Mitunternehmer jedoch sämtliche Kosten im Zusammenhang mit der Beteiligung über das Sonderbetriebsvermögen geltend machen. Durch die Mitunternehmerschaften müssen zusätzlich zur Gesamthandsbilanz,

Ergänzungs- und Sonderbilanzen geführt werden. Außerdem können die Mitunternehmer Wirtschaftsgüter zum Buchwert und somit ohne steuerliche Belastung übertragen. Trotz der Haftungsbegrenzung können die Kommanditisten jedenfalls einen Teil ihrer Verluste als negative Einkünfte berücksichtigen.

Die optimale Gesellschaft für den deutschen Mittelstand kann nicht allgemeingültig ermittelt werden. Daher ist immer eine vom Einzelfall abhängige Prüfung vorzunehmen, um die optimale Rechtsform für das jeweilige Unternehmen zu ermitteln. Die Eignung der GmbH & Co. KG für mittelständische Unternehmen ist abhängig von den Prioritäten der Gesellschafter. Legen die Gesellschafter viel Wert auf eine beschränkte Haftung, die Abzugsfähigkeit von Kosten für die Beteiligung sowie viele Gestaltungsmöglichkeiten, sollten diese die GmbH & Co. KG unbedingt berücksichtigen.

Literaturverzeichnis

Baumbach et al. (2013)

Baumbach, A. et al.: GmbHG: Gesetz betreffend die Gesellschaften mit beschränkter Haftung. Band 20. 20. Auflage, 2013. München: Verlag C. H. Beck oHG.

Baumbach et al. (2014)

Baumbach, A. et al.: Handelsgesetzbuch: mit GmbH & Co., Handelsklauseln, Bank- und Börsenrecht, Transportrecht (ohne Seerecht). Band 9. 36. Auflage, 2014. München: Verlag C. H. Beck oHG.

Becker/Ulrich/Botzkowski (2015)

Becker, W., Ulrich, P., Botzkowski T.: Finanzierung im Mittelstand. 2015. Wiesbaden: Springer Gabler Verlag.

Birle/Diehl (2007)

Birle, J. P., Diehl, K.: Praxishandbuch der GmbH: Gesellschafts- und Steuerrecht. 2007. Neustadt: Verlag Neue Wirtschafts-Briefe GmbH & Co. KG.

Braunagel et al. (2012)

Braunagel, R. U. et al.: Kommentar Gewerbesteuer GewStG. In: Bergemann, A., Wingler, J. (Hrsg.). 2012. Wiesbaden: Gabler Verlag.

Dinkelbach (2015)

Dinkelbach, A.: Ertragsteuern: Einkommensteuer, Körperschaftsteuer, Gewerbesteuer. 6. Auflage, 2015. Wiesbaden: Springer Gabler.

Eckardt (2011)

Eckardt, G. H.: Business Management – Angewandte Unternehmensführung. 3. Auflage, 2011. Göttingen: GHS.

Fehrenbacher/Tavakoli (2014)

Fehrenbacher, O., Tavakoli A.: Besteuerung der GmbH & Co. KG. 2. Auflage, 2014 Wiesbaden: Springer Gabler Verlag.

Froning et al. (2005)

Froning, C. et al.: Unternehmensnachfolge. In: Sudhoff, H. (Hrsg.). 5. Auflage, 2005. München: Verlag C. H. Beck oHG.

Gummert et al. (2014)

Gummert, H. et al.: Münchener Handbuch des Gesellschaftrechts: Band 2 Kommanditgesellschaft GmbH & Co. KG Publikums KG Stille Gesellschaft. In: Gummert, H., Weipert, L. (Hrsg.). 4. Auflage, 2014. München: Verlag C. H. Beck oHG.

Gummert et al. (2015)

Gummert, H. et al.: Münchener Anwalts Handbuch: Personengesellschaftsrecht. In: Gummert, H. (Hrsg.). 2. Auflage, 2015. München: C. H. Beck oHG.

Häublein et al. (2016)

Häublein, M. et al.: Beck'scher Online-Kommentar HGB. In: Häublein, M., Hoffmann-Theinert, R. (Hrsg.). 12. Auflage, 2016. München: Verlag C. H. Beck oHG.

Joost et al. (2014)

Joost, D. et al.: Handelsgesetzbuch: Band 1 §§ 1-342e. In: Joost, D., Strohn, L. (Hrsg.). 3. Auflage, 2014. München: Verlag Franz Vahlen.

Koller et al. (2015)

Koller, I. et al.: Handelsgesetzbuch: Kommentar. 8. Auflage, 2015. München: C. H. Beck oHG.

Kraft (2014)

Kraft, C., Kraft G.: Grundlagen der Unternehmensbesteuerung. 4. Auflage, 2014. Wiesbaden: Springer Gabler Verlag.

Kübler et al. (2013)

Kübler, J. et al.: Jennifer Kübler: Untersuchung der ertragsteuerlichen Vorteilhaftigkeit einer GmbH im Vergleich zu einer GmbH & Co. KG. In: Malms, I.: Erfolgreiche Abschlussarbeiten – Steuern und Rechnungslegung: Leitfaden für Bachelor und Master. 2013. Wiesbaden: Springer Gabler Verlag.

Mueller-Thuns et al. (2009)

Mueller-Thuns, T. et al: Handbuch GmbH & Co. KG: Gesellschaftsrecht Steuerrecht. 20. Auflage, 2009. Köln: Verlag Dr. Otto Schmidt KG.

Ossola-Haring (2015)

Ossola-Haring, C.: Ein-Personen-GmbH. 2015. Nürnberg: DATEV eG.

Piekenbrock/Hasenbalg (2014)

Piekenbrock, D., Hasenbalg C.: Kompakt-Lexikon Wirtschaft. 12. Auflage, 2014. Wiesbaden: Springer Gabler Verlag.

Preißer/von Rönn (2010)

Preißer, M., von Rönn, M.: Die KG und die GmbH & Co. KG: Recht, Besteuerungspraxis, Gestaltungspraxis. 2. Auflage, 2010. Stuttgart: Schäffer-Poeschel Verlag.

Reichert et al. (2015)

Reichert, J. et al., GmbH & Co. KG. In: Reichert, J. (Hrsg.). 7. Auflage, 2015. München: C. H. Beck oHG.

Riepolt/Steinegger (2015)

Riepolt, J., Steinegger, A.: Sonder- und Ergänzungsbilanzen vor dem Hintergrund der E-Bilanz. 2015. Nürnberg: DATEV eG.

Roth/Altmeppen (2015)

Roth, G. H., Altmeppen H.: Gesetz betreffend die Gesellschaften mit beschränkter Haftung: Kommentar. 8. Auflage, 2015. München: Verlag C. H. Beck oHG.

Schmidt et al. (2011)

Schmidt, K. et al.: Münchener Kommentar zum Handelsgesetzbuch: Band 2 Zweites Buch. Handelsgesellschaften und stille Gesellschaft Erster Abschnitt. Offene Handelsgesellschaft §§ 105-160 Konzernrecht der Personengesellschaft. In: Schmidt, K. (Hrsg.). 3. Auflage, 2011. München: Verlag C. H. Beck oHG / Verlag Franz Vahlen GmbH.

Schmidt/Grunewald/Mülbert (2012)

Schmidt, K., Grunewald, B., Mülbert, P. O.: Münchener Kommentar zum Handelsgesetzbuch: Band 3 Zweites Buch. Handelsgesellschaften und stille Gesellschaft Zweiter Abschnitt. Kommanditgesellschaft Dritter Abschnitt. Stille Gesellschaft §§161-237 Konzernrecht der Personengesellschaft. In: Schmidt, K. (Hrsg.). 3. Auflage, 2012. München: Verlag C. H. Beck oHG / Verlag Franz Vahlen GmbH.

Schmidt-Leithoff et al. (2013)

Schmidt-Leithoff, C. et al.: Gesetz betreffend die Gesellschaften mit beschränkter Haftung (GmbHG): Kommentar. In: Schmidt-Leithoff, C. (Hrsg.). 5. Auflage, 2013. München: Verlag Franz Vahlen GmbH.

Schreiber (2012)

Schreiber, U.: Besteuerung der Unternehmen. 3. Auflage, 2012. Wiesbaden: Springer Gabler Verlag.

Schuster/Rüdt von Collenberg (2015)

Schuster, T., Rüdt von Collenberg, L.: Finanzierung: Finanzberichte, -kennzahlen, -planung. 2015, Berlin Heidelberg: Springer-Verlag.

Söffing et al. (2013)

Söffing, G. et al.: Die GmbH & Co. KG. In: Söffing, G. (Hrsg.). 2. Auflage, 2013. Herne: Verlag Neue Wirtschafts-Briefe GmbH & Co. KG.

Stengel et al. (2012)

Stengel, A. et al.: Umwandlungsgesetz: mit Spruchverfahrensgesetz. In: Semler, J., Stengel, A. (Hrsg.). 3. Auflage, 2012. München: Verlag C. H. Beck oHG.

Verspay (2014)

Verspay H.-P.: GmbH-Handbuch für den Mittelstand. 2. Auflage, 2014. Berlin Heidelberg: Springer-Verlag.

Wagner/Rux (2013)

Wagner, H., Rux, H. J.: Die GmbH & Co. KG: Umfassende Erläuterungen, Beispiele und Musterformulare für die Rechtspraxis. 12. Auflage, 2013. Freiburg: Haufe-Lexware GmbH & Co. KG.

Weipert et al. (2014)

Weipert, L. et al.: Münchener Handbuch des Gesellschaftsrechts: Band 1 BGB-Gesellschaft Offene Handelsgesellschaft Partnerschaftsgesellschaft Partenreederei EWIV. In: Gummert, H., Weipert, L. (Hrsg.). 4. Auflage, 2014. München: C. H. Beck oHG.

Wicke (2016)

Wicke, H.: Gesetz betreffend die Gesellschaft mit beschränkter Haftung (GmbHG): Kommentar. 3. Auflage, 2016. München: Verlag C. H. Beck oHG.

Verzeichnis der Fachzeitschriftenbeiträge

Decker/Weitz (2015)

Decker, T., Weitz, D.: Gewinnvortrag bei der GmbH & Co. KG: Spannungsfeld zwischen Personenhandelsgesellschaftsrecht und Konzernbilanzierungspraxis. In: BB (2015) 10, S. 556.

Gschwendtner (1993)

Gschwendtner, H.: Ergänzungsbilanz und Sonderbilanz II in der Rechtsprechung des Bundesfinanzhofes. In: DStR, (1993) 23, S. 817-825.

Hafner/Spitz (2015)

Hafner, N., Spitz, S.: Vermeidung von Prüfungs- und Offenlegungspflicht bei Personengesellschaften: mögliche Gestaltungen und deren handels- und steuerrechtliche Folgen. In: DStR, (2015) 47, S. 2623-2629.

Hammer (2015)

Hammer, K. J.: Grund- und Gewerbesteuereinnahmen im Jahr 2014 um 2,0% gestiegen: Pressemitteilung vom 31. August 2015 – 316/15. Wiesbaden: Statistisches Bundesamt.

Herzing/Courteaux (2011)

Herzing, E., Courteaux, S.: Haftungsvergütung: Steuerpflichtige Leistung des Komplementärs an seine Kommanditgesellschaft?. In: BC, (2011) 12.

Juretzek (2015)

Juretzek, P.: Zur Zulässigkeit der Rechtsform der GmbH & Co. KG für die gemeinsame Berufsausübung von Freiberuflern. In: DStR, (2015) 8, S. 431-433.

Kirmße/ Lindemann/Schiele (2013)

Kirmße, S., Lindemann, C., Schiele, C.: Auswirkungen von Basel III aus Sicht der Unternehmensberatung. In: DB, (2013) 11, S. 13-14.

Kischisch/Maiterth (2015)

Kischisch, K., Maiterth, R.: Einladung zur Steuergestaltung durch den Gesetzesentwurf zum ErbStG vom 06.07.2015. In: DB, (2015) 36, S. 2033-2040.

Lederle/Wanner (2015)

Lederle, F., Wanner, F.: Die vorweggenommene Erbfolge unter Nießbrauchsvorbehalt im Lichte der neuen FG-Rechtsprechung. In: DStR, (2015) 41, S. 2270-2273.

Müller (2016)

Müller, T.: Finanzielle und organisatorische Eingliederungsvoraussetzungen für Organschaft. In: DB, (2016), Dokument Nr. 1191823

Paukstadt/Kerpf (2010)

Paukstadt, M., Kerpf, A.: Der neue Anwendungserlass zur Abgeltungsteuer Darstellung praxisrelevanter Sachverhalte des BMF-Schreibens vom 22.12.2009. In: DStR, (2010) 14, S. 678-683.

Riepolt/Steinegger (2016)

Riepolt, J., Steinegger, A.: E-Bilanz einer Personengesellschaft für das Wirtschaftsjahr 2015 – Umfang der Übermittlungspflichten und Änderungen durch die Taxonomie 5.4. In: DStR, (2016) 4, S. 184-188.

Sahrmann (2012)

Sahrmann, P.: Das negative Kapitalkonto des Kommanditisten nach § 15a EStG. In: DStR, (2012) 23, S. 1109-1115.

Schrader/Schubert (2005)

Schrader, P., Schubert, J. M.: Der Geschäftsführer als Arbeitnehmer. In: DB, (2005) 26-27, S. 1457-1463.

Schulze zur Wiesche (2015)

Schulze zur Wiesche, D.: Betriebsaufgabe und Ermittlung des Veräußerungs- und Aufgabegewinns in der jüngsten BFH-Rspr. In: DB, (2015) 46, S. 2655-2660.

Stenslik (2015)

Stenslik, B.-P.: Der Fremd-Geschäftsführer als Arbeitnehmer iSd Unionsrechts. In: DStR, (2015) 42, S. 2334-2336.

Werner (2006)

Werner, R.: Die GmbH & Co. KG in der Form der Einheitsgesellschaft. In: DStR, (2006) 16, S. 706-711.

Wiesner (1984)

Wiesner, G.: Beurkundungspflicht und Heilungswirkung bei Gründung von Personengesellschafter und Unternehmensveräußerungen. In: NJW, (1984) 3, 95-99.

Internetquellenverzeichnis

Gabler (2016)

    Springer Gabler Verlag (Herausgeber), Gabler Wirtschaftslexikon,

    Stichwort: Mittelstand. Zugriff am 13.02.2016, von:

    http://wirtschaftslexikon.gabler.de/Archiv/71994/mittelstand-v9.html.

    Gespeichert unter: CD/Gabler (2016).pdf.

Institut für Mittelstandsforschung (2015)

    Institut für Mittelstandsforschung. Volkswirtschaftliche Bedeutung der KMU. 12.2015.

    Zugriff am 13.02.2016, von:

    http://www.ifm-bonn.org/statistiken/mittelstand-im-ueberblick/#accordion=0&tab=0.

    Gespeichert unter: CD/Institut für Mittelstandsforschung (2015).pdf.

Institut für Mittelstandsforschung (2016a)

    Institut für Mittelstandsforschung. KMU-Definition des IfM Bonn. 01.01.2016.

    Zugriff am 13.02.2016, von:

    http://www.ifm-bonn.org/definitionen/kmu-definition-des-ifm-bonn/.

    Gespeichert unter: CD/Institut für Mittelstandsforschung (2016a).pdf.

Institut für Mittelstandsforschung (2016b)

    Institut für Mittelstandsforschung. KMU-Definition des IfM Bonn. 01.01.2016.

    Zugriff am 13.02.2016, von:

    http://www.ifm-bonn.org/definitionen/mittelstandsdefinition-des-ifm-bonn/.

    Gespeichert unter: CD/Institut für Mittelstandsforschung (2016b).pdf.

Rechtsprechungsverzeichnis

BAG (1999)   vom 26.05.1999, 5 AZR 664/98, DB 1999, 1906-1907.

BFH (1958)   vom 16.09.1958, I 351/56 U, BStBl. III 1958, 462.

BFH (1968a)   vom 15.11.1967, IV R 139/67, BStBl. II 1968, 152.

BFH (1968b)   vom 01.08.1968, IV 324/65, DB 1968, 1737.

BFH (1977)   vom 16.03.1977, II R 83/71, BStBl. II 1977, 699.

BFH (1984)   vom 25.06.1984, GrS 4/82 BStBl. II 1984, 751.

BFH (1986)   vom 14.11.1985 IV R 63/83, BStBl. II 1986, 58.

BFH (1987)   vom 11.12.1986, IV R 222/84, BB 1987, 1078-1080.

BFH (1989)   vom 22.02.1989, IR 44/85, BStBl. II 1989, 475-477.

BFH (1990)   vom 14.03.1990, I R 6/89, BStBl. II 1990, 795.

BFH (1991a)   vom 23.10.1990, VIII R 142/85, BStBl. II 1991, 401.

BFH (1991b)   vom 11.12.1990, VIII R 14/87, BStBl. II 1991, 510.

BFH (1992)   vom 14.05.1991, VIII R 31/88, BStBl. II 1992, 167-172.

BFH (1993a)   vom 07.07.1992, VIII R 2/87, BStBl. II 1993, 328.

BFH (1993b)   vom 03.05.1993, GrS 3/92, BStBl. II 1993, 616.

BFH (1995)   vom 07.02.1995, VIII R 36/93, BStBl. 1995, 770.

BFH (2001)   vom 23.01.2001, VIII R 30/99, BStBl. II 2001, 621.

BFH (2002a)   vom 21.06.2001, III R 27/98, BStBl. II 2002, 537.

BFH (2002b)   vom 06.06.2002, V R 43/01, DStR 2002, 1346.

BFH (2004)   vom 11.12.2001, VIII R 23/01, BStBl. II 2004, 474.

BFH (2006)   vom 25.01.2006, I R 104/04, DB 2006, 759-761.

BFH (2007a)   vom 10.05.2007, IV R 2/05, DStR 2007, 2002-2005.

BFH (2007b)   vom 30.08.2007, IV R 14/06, BStBl. II 2007, 942.

BFH (2009)   vom 18.08.2009, X R 25/06, BStBl. II 2009, 965.

BFH (2011a)   vom 06.05.2010, IV R 52/08, BStBl. II 2011, 261.

BFH (2011b)   vom 20.10.2010, VIII R 34/08, DStR 2011, 911.

BFH (2011c)   vom 03.03.2011, V R 24/10, DB 2011, 1029.

BFH (2012)   vom 02.08.2012, IV R 41/11, DStR 2012, 2118.

BFH (2014a)   vom 07.05.2014, VI R 73/12, BStBl. II 2014, 904.

BFH (2014b)   vom 26.06.2014, VI R 94/13, BStBl. II 2014, 864.

BFH (2015a)   vom 02.12.2014, VIII R 34/13, DStR 2015, 634-637.

BFH (2015b)   vom 25.08.2015, VIII R 3/14, DStR 2015, 2278.

BFH (2016)   vom 29.07.2015, IV R 15/14, DB 2016, 263.

BGH (1979)   vom 18.06.1979, II ZR 194/77, DB 1979, 2126.

BGH (1981a)   vom 29.01.1981, II ZR 92/80, DB 1981, 982-983.

BGH (1981b)   vom 09.03.1981, II ZR 54/80, DB 1981, 1032.

BGH (1981c)   vom 29.06.1981, II ZR 142/80, BGHZ 81, 82-90.

BGH (1986)   vom 23.09.1985, II ZR 257/84, NJW 1986, 584.

BGH (2005)   vom 21.11.2005, II ZR 140/04, BGHZ 165, 113-125.

BGH (2013)   vom 16.04.2013, II ZR 118/11, DStR 2013, 1391.

BVerfG (1991) vom 27.06.1991, 2 BvR 1493/89, DStR 1991, 971-975.

BVerfG (2005) vom 26.10.2004, 2 BvR 246/98, NZG 2005, 95.

EuGH (2015)   vom 09.07.2015, C-229/14, DStR 2015, 12.

FG (2015)   Münster vom 18.09.2014, 13 K 724/11 E, DStRE 2015, 1095.

KG (2009)   vom 08.09.2009, 1 W 244/09, DStR 2009, 2114.

KG (2015)   vom 27.07.2015, 22 W 67/14, DStR 2015, 2677.

LG (2005)   Osnabrück vom 01.07.2005, 15 T 6/05, BB 2005, 2461.

RG (1922)   vom 04.07.1922, RGZ 105, 101.

Verzeichnis der Gesetzestexte

AO Abgabenordnung (AO), in der Fassung der Bekanntmachung vom 1. Oktober 2002 (BGBl. I S. 3866; 2003 I S. 61), die zuletzt durch Artikel 5 des Gesetzes vom 3. Dezember 2015 (BGBl. I S. 2178) geändert worden ist.

BGB Bürgerliches Gesetzbuch (BGB), in der Fassung der Bekanntmachung vom 2. Januar 2002 (BGBl. I S. 42, 2909; 2003 I S. 738), das durch Artikel 6 des Gesetzes vom 19. Februar 2016 (BGBl. I S. 254) geändert worden ist.

DrittelbG Drittelbeteiligungsgesetz (DrittelbG), in der Fassung vom 18. Mai 2004 (BGBl. I S. 974), das zuletzt durch Artikel 8 des Gesetzes vom 24. April 2015 (BGBl. I S. 642) geändert worden ist.

ErbStG Erbschaftsteuer- und Schenkungsteuergesetz (ErbStG), in der Fassung der Bekanntmachung vom 27. Februar 1997 (BGBl. I S. 378), das zuletzt durch Artikel 10 des Gesetzes vom 2. November 2015 (BGBl. I S. 1834) geändert worden ist.

EStG Einkommensteuergesetz (EStG), in der Fassung der Bekanntmachung vom 8. Oktober 2009 (BGBl. I S. 3366, 3862), das zuletzt durch Artikel 2 des Gesetzes vom 21. Dezember 2015 (BGBl. I S. 2553) geändert worden ist.

GewStG Gewerbesteuergesetz (GewStG), in der Fassung der Bekanntmachung vom 15. Oktober 2002 (BGBl. I S. 4167), das zuletzt durch Artikel 5 des Gesetzes vom 2. November 2015 (BGBl. I S. 1834) geändert worden ist.

GmbHG Gesetz betreffend die Gesellschaft mit beschränkter Haftung (GmbHG), in der im Bundesgesetzblatt Teil III, Gliederungsnummer 4123-1, veröffentlichten bereinigten Fassung, das zuletzt durch Artikel 5 des Gesetzes vom 22. Dezember 2015 (BGBl. I S. 2565) geändert worden ist.

HGB Handelsgesetzbuch (HGB), in der im Bundesgesetzblatt Teil III, Gliederungsnummer 4100-1, veröffentlichten bereinigten Fassung, das zuletzt durch Artikel 3 des Gesetzes vom 22. Dezember 2015 (BGBl. I S. 2565) geändert worden ist.

InsO Insolvenzordnung (InsO), in der Fassung vom 5. Oktober 1994 (BGBl. I S. 2866), die zuletzt durch Artikel 16 des Gesetzes vom 20. November 2015 (BGBl. I S. 2010) geändert worden ist.

KStG	Körperschaftsteuergesetz (KStG), in der Fassung der Bekanntmachung vom 15. Oktober 2002 (BGBl. I S. 4144), das zuletzt durch Artikel 4 des Gesetzes vom 2. November 2015 (BGBl. I S. 1834) geändert worden ist.
MitbestG	Mitbestimmungsgesetz (MitbestG), in der Fassung vom 4. Mai 1976 (BGBl. I S. 1153), das zuletzt durch Artikel 7 des Gesetzes vom 24. April 2015 (BGBl. I S. 642) geändert worden ist.
SolzG	Solidaritätszuschlaggesetz 1995 (SolzG 1995), in der Fassung der Bekanntmachung vom 15. Oktober 2002 (BGBl. I S. 4130), das zuletzt durch Artikel 4 des Gesetzes vom 16. Juli 2015 (BGBl. I S. 1202) geändert worden ist.
StSenkG	Gesetz zur Senkung der Steuersätze und zur Reform der Unternehmensbesteuerung (StSenkG), in der Fassung vom 23. Oktober 2000 (BGBl. I S. 1433), das zuletzt durch Artikel 8 des Gesetzes vom 20. Dezember 2000 (BGBl. I S. 1850) geändert worden ist.
UmwG	Umwandlungsgesetz (UmwG), in der Fassung vom 28. Oktober 1994 (BGBl. I S. 3210; 1995 I S. 428), das zuletzt durch Artikel 22 des Gesetzes vom 24. April 2015 (BGBl. I S. 642) geändert worden ist.
UmwStG	Umwandlungssteuergesetz (UmwStG), in der Fassung der Bekanntmachung vom 15. Oktober 2002 (BGBl. I S. 4133; 2003 I S. 738), das durch Artikel 3 des Gesetzes vom 16. Mai 2003 (BGBl. I S. 660) geändert worden ist.
UntStRefG	Unternehmensteuerreformgesetz (UntStRefG), in der Fassung der Bekanntmachung vom 17. August 2007 (BGBl. I S. 1912).
UStG	Umsatzsteuergesetz (UStG), in der Fassung der Bekanntmachung vom 21. Februar 2005 (BGBl. I S. 386), das zuletzt durch Artikel 11 u. 12 des Gesetzes vom 2. November 2015 (BGBl. I S. 1834) geändert worden ist.

Verzeichnis der Verwaltungsanweisungen

BMF (1993a) vom 13.01.1993, IV B 3 S 2190 – 37/92, BStBl. I 1993, 80.

BMF (1993b) vom 15.12.1993, IV B 2 S 2241 a 57/93, BStBl. I 1993, 976.

BMF (2004) vom 23.12.2003, IV B 7 – S 7100-246/03, DStR 2004, 90.

BMF (2005) vom 03.03.2005, IV B 2 – S 2241 – 14/05, BStBl. I 2005, 458.

BMF (2007) vom 19.09.2007, IV B 2 – S 2296 a/0, BStBl. I 2007, S. 701.

BMF (2008) vom 11.08.2008, IV C 6 – S 2290/9/07/10001, DStR 2008, 1637-1642.

EStDV Einkommensteuer-Durchführungsverordnung (EStDV), in der Fassung der Bekanntmachung vom 10. Mai 2000 (BGBl. I S. 717), die zuletzt durch Artikel 235 der Verordnung vom 31. August 2015 (BGBl. I S. 1474) geändert worden ist.

EStH Einkommensteuer-Hinweise 2014 (EStH), in der Fassung des Amtlichen Einkommensteuer-Handbuchs 2014.

EStR Einkommensteuer-Richtlinien 2012 (EStR) vom 16.12.2005 (BStBl. I Sondernummer 1) in der Fassung EStÄR 2012 vom 25.03.2013 (BStBl. I S. 276).

EU Kommission (2003) Empfehlung der Kommission vom 6. Mai 2006 betreffend Definition der Kleinstunternehmen sowie der kleinen und mittleren Unternehmen. Amtsblatt L 124 vom 20.05.2003.

GewStR Gewerbesteuer-Richtlinien 2009 (GewStR) vom 28. April 2010 (BStBl. I Sondernummer 1 S. 2).

KStH Körperschaftsteuer-Hinweise 2008 (KStH), in der Fassung des Amtlichen Körperschaftsteuer-Handbuchs 2008.

KStR Körperschaftsteuer-Richtlinien 2004 (KStR) vom 13. Dezember 2004 (BStBl. I Sondernummer 2 S. 2).

UStAE vom 01.10.2010 BStBl. I S. 846 in der Fassung vom 18.12.2014 zuletzt geändert durch BMF Schreiben vom 18. Dezember 2014, IV D 3, S 7246/14/1001, IV D 2, S. 7421/13/10001, BStBl. 2015 I.